做温暖教育的践行者

主　编　成方岩
副主编　王璐璐　兰　兰　孙　娜　盖庆爽
编　委　李明强　王　春　时甜甜　高　婷
　　　　姜雅馨　刘　敏　潘贵美　杨冉冉
　　　　王文佳　赵　旭

中国海洋大学出版社
·青岛·

图书在版编目（CIP）数据

做温暖教育的践行者／成方岩主编．--青岛：中国海洋大学出版社，2022.9

ISBN 978-7-5670-3151-7

Ⅰ.①做… Ⅱ.①成… Ⅲ.①中学教育－研究 Ⅳ.① G63

中国版本图书馆 CIP 数据核字（2022）第 077696 号

出版发行	中国海洋大学出版社			
社　　址	青岛市香港东路 23 号		邮政编码	266071
出 版 人	刘文菁			
网　　址	http://pub.ouc.edu.cn			
电子信箱	752638340@qq.com			
订购电话	0532－82032573（传真）			
责任编辑	林婷婷		电　　话	0532－85902533
印　　制	日照日报印务中心			
版　　次	2022 年 9 月第 1 版			
印　　次	2022 年 9 月第 1 次印刷			
成品尺寸	170 mm ×240 mm			
印　　张	12.5			
字　　数	205 千			
印　　数	1～1 000			
定　　价	45.00 元			

蛙声十里出山泉

——《做温暖教育的践行者》序

相佃国

2019年12月,成方岩青岛市名班主任工作室成立,主持人成方岩老师提出了"融智·创新·共享"的工作室建设理念,全体成员讨论确定了做"四型"班主任的专业发展目标,即热爱读书,做学习型班主任;勤于思考,做研究型班主任;勇于实践,做创新型班主任;善于总结,做反思型班主任。他们聚焦于高中学生教育实践策略与实施途径的研究,致力于打造班主任学习共同体和教育科研共同体,建立了一方平台,融合了智慧,分享了收获,丰满了自己,也影响了他人。

我与成方岩老师共事于一所学校,目睹了她十几年的教育教学工作。作为一名思政课教师,成方岩老师具有扎实的专业功底、先进的教学理念,她注重从贴近学生生活的事件、故事切入教学,通过富有挑战性的任务、活动,让学生在思辨中理解深邃的思想、认识深奥的理论,她的课堂散发着理性的光辉。作为一名班主任,她有一整套班级建设方案,涵盖学生入校到毕业的全过程;她倾注真情做教育,面对普通班、新疆班、俄语班、艺术班等个性不同、成长目标各异的学生,她巧妙运用激励与约束机制,因势利导,循序渐进,总能打造出规范有序、特色鲜明的班级集体;她始终用真心对待每一个学生,从思想到心理、从言语到行动、从学习到生活,言传身教,因人施策,久久为功,在润物无声中等待学生成长;她坚持用真诚对待每一个家长,指导家庭教育、化解家庭矛盾、和谐亲子关系,让家长感受胜似亲人般的关心,形成了一股强大的家校共育合力。

有成方岩老师这样一个对教育充满爱与责任的领头人,工作室吸引了一批热爱教育、热心班主任工作的优秀青年教师。尽管他们来自不同区市、不同学校,有几位还身兼学校中层干部,日常工作繁忙,但他们仍然坚守教育初心和教师使命,追求班主任专业化发展的热情高涨。节假日的全员集中学习研讨总是如期举行,在微信群里交流学习感悟与班级工作成为常态,线上会议有时会持续到深夜。我有幸多次参加工作室规划讨论、成员个人发展规划讨论、集中学习、经验分享等活动，工作室成员严谨的治学态度、细致入微的教育研究，令人钦佩。

《做温暖教育的践行者》是工作室三年实践研究成果的集中呈现。无须提醒，老师们都在自然而然地写作，反映了工作室可贵的团队精神。21 万多字，涵盖了德育思想、班级管理、心理教育、主题班会、学习感悟、案例分析等丰富内容，是实实在在的实践研究总结，对于开展高中学生教育具有现实的借鉴价值。

新时代学校育人强调关注人的发展，倡导以文化人、以德润心。从书中呈现的班级建设、德育随笔、案例分析可以看出，工作室的老师们为此开展了大量实践并做出了不懈努力。孙娜老师以学生的责任担当与成长需求为主线，开展学生生涯规划指导，依据高中不同阶段学生思想、心理、学习等变化需求，设计主题班会进行全方位指导；王春、杨冉冉老师尝试开设心理主题班会，姜雅馨老师注重学生的人际交往，盖庆爽老师重视学生的激励评价，这些都是关注学生全面发展的具体体现。时甜甜、潘贵美、王文佳、赵旭等老师教龄虽短，却能清晰地认识到以德育促进智育、教师要做倾听者的重要性，令人欣慰；高婷、刘敏老师利用微信公众号开展班级文化建设，更受学生喜欢，让文化引领成长的作用得以更好地发挥。

德育课程是实施德育的重要载体，主题班会就是一种朴素的德育课程。成方岩老师的"青春向党 志在远方"主题班会，沿着"追忆——继承——践行——畅想"的主线，将革命先驱、父辈、当代青年救国、报国、强国的青春故事，由远及近地讲述了出来，由他人及自我，层层递进，引人深思，激人奋进，获得青岛市班会优质课一等奖实属意料之中。李明强老师的"感恩父母陪我一起成长"主题班会，用七名学生从出生到长大的照片制作成《时间都去哪儿了》视频，展示学生家长真实工作场景，选取作家毕淑敏的《孩子，我为什么打你》、周长海的《一碗馄饨》两篇散文，让学生在观看和阅读中独自品味亲情、深刻理解父母。我想，这或许是一节无声的班会课，或许会听到班级里轻轻的啜泣声，或许会看到一张张挂着泪珠的青春脸庞，但在学生心底掀起的惊涛骇浪，最终会化作一股涓涓细流，流淌在学生的生命里。这就是教师的匠心与智慧！

体验式德育是最富实效的学生德育工作模式，"认识——体验——表达"，强调知行合一。王璐璐老师抓住 2020 年新冠肺炎疫情防控中学生的体验开展生命教育;兰兰老师在与学生一起整理教室时,留心观察学生收集空白纸张、书写笔、图钉等举动,及时开展节约教育;李明强、王璐璐等老师引导学生认识规则的重要性,指导学生制定班级公约,在执行班规中强化自我约束能力。让学生在体验中修正个人行为,在自我教育中修身、修己、修心,学会与他人共处,学会与自己的内心独处,其效果远远胜过教师的说教与管教。

任何一名教师都是在"做中学、学中做"中成长起来的,一名优秀教师的"学"与"做",一定是以"研究"为基础的。具备了研究的意识,学生教育中的任何一件小事,便都能找到最适切的教育方式;具备了写作的意识,便是将研究提高到了更高的层次。工作室的每一位成员都具备了研究的意识和写作的习惯,尽管有些文字还略显稚嫩,但如果能够长期坚持下去,一定会在学习、实践、研究、写作的循环往复中,迅速成长为理论水平高、教育能力强、受学生喜欢、被同事认可的优秀班主任。

任何成长的价值都一定是在奉献于他人和社会的过程中展现出来的,教师的无私在于奉献自己,成就他人。一名好教师,可以教出一批好孩子;一个好班主任,可以带出一个好班级;一个好的教师团队,可以带动和影响一大批人主动组建研究团队,潜心于教育,让学生生命得到舒展,托举起国家和民族的未来。从这个意义上讲,成方岩班主任工作室的价值已经与本书融为一体了。

"萤火一星沿岸草,蛙声十里出山泉。"希望工作室的老师们能够让这星星之火,燎原于自己的教师职业生涯中,提升自我,成就学生,奉献于新时代中国的教育事业。

目 录
CONTENTS

— 融智：点亮德育思想之光 —

— 慧施:探寻德育实施路径 —

— 聚力:凝聚团队互助力量 —

一 共进：展现师生成长喜悦 一

融智：

点亮德育
思想之光

"青春向党　志在远方"主题班会

【授课教师】	山东省青岛第六十六中学　成方岩
【授课班级】	高二（6）班
【班会主题】	青春向党　志在远方
【主题分析】	"青春向党　志在远方"班会主题围绕"请党放心，强国有我"的青春志向，以"青春立志"为主线，将不同时代青少年的热血青春、激情青春、出彩青春与爱党报国的远大志向相融合，从个人成长、青春梦想到国家责任、时代担当，只要我们的精神不丢、信仰不丢，年轻一代就能够承担起历史赋予的神圣责任，我们的人生才有意义，祖国的明天才会更加辉煌！
【设计背景】	**1. 时代背景** 　　2021年是中国共产党成立一百周年。全国上下开展各种活动庆祝党的百年华诞，充分激发了学生的爱党、爱国热情。以此为契机，开设本次主题班会，激励新时代的中学生珍惜青春年华，树立坚定的理想信念，磨炼坚强的意志品格，练就过硬的本领才干，在迈向第二个百年奋斗目标的新征程中不负时代，不负韶华，不负党和人民的殷切期望！ 　　**2. 学情背景** 　　本次班会的对象是我校高二学生，因为选课走班的安排，他们中间有内高班学生，有青岛市区参加高考的学生，也有青岛市区准备出国留学的中俄班学生。无论是从遥远的天山来到青岛求学，还是毕业后继续深造，都是在党的领导下才有了更优越的成长条件和更多、更好的选择。基于以上的学情背景，我决定召开这样一堂题为"青春向党　志在远方"的主题班会，愿他们不忘初心，青春朝气永在，扎实刻苦学习，学成报效祖国。
【教育目标】	**1. 追忆与感受** 　　通过交流展示革命先辈们在青春年少时励志报国的事迹，感受前辈们在漫漫长夜中追寻真理、救国救民的青春理想。

【教育目标】	**2. 继承与发扬** 通过学生讲述和家长的现场回忆，展示社会主义建设和改革开放时期，父辈们响应党的号召，青春年华志在四方、用青春汗水建设祖国的事迹，感悟和平年代年轻一代的青春风采。 **3. 传承与奋进** 通过学生交流讨论，分享同辈人的青春定位和奋斗事迹，体会新时代青年一代所担负的历史使命，激励学生既要仰望星空，树立远大志向，又要脚踏实地，学好本领，听党话、感党恩、跟党走，为实现中华民族伟大复兴奉献青春。
【班会准备】	**1. 学生准备** 搜集不同时期青少年的事迹资料、图片视频，完成课件制作和视频剪辑。 **2. 邀请家长** 邀请学生家长现场讲述他们的青春故事。
【班会形式】	引导启发、讨论交流、展示分享。
【设计思路】	本节课以"青春志向"为主线，从革命先驱的热血青春志在救国救民，到父辈们的激情青春志在爱党报国，再到同辈人的出彩青春志在为国争光，回归到同学的梦想青春，听党话、感党恩、跟党走，如同一场青春接力赛，将几代人的青春成长与党史、新中国史、改革开放史、社会主义发展史融合在一起，描绘出不同历史背景下优秀中国青少年青春奋斗的美丽画卷，将爱国主义精神和精忠报国之志代代传承，从而激励新时代青少年学生为实现第二个百年奋斗目标而努力学习。
【班会流程】	**一、启发导入** 以"庆建党百年，迎立志青春"为话题切入，两位同学进行诗朗诵《青春之歌》，突出青春年华的美好，提出：我们应该怎样去迎接青春的到来，让青春发光，为祖国喝彩，唱响我们的青春序曲——"青春向党 志在远方"？ 【设计意图】以青春欢快的诗朗诵做导入，唤起学生对美好青春年华的热爱和激情，"独立理性、刻苦勤奋"的关键词进一步引起学生对青春志向、时代担当的思考，从而引入本节课的主题。 **二、对话交流** **【第一篇章】追忆：革命先驱的热血青春——救国救民求真理** **1. 师生交流** （1）通过学习建党百年学党史、观看电视剧《觉醒年代》等，搜集整理资料，为同学们讲述李大钊"少年束发受书"的故事。

	（2）老师讲述少年周恩来艰苦求学、南开立志的故事,追忆一代伟人的少年立志于青春奉献,寻找救国救民的道路,带领中国人民走出苦难。让学生深刻感受革命先辈们追寻真理的艰辛,激发他们的爱国情、报国志。 （3）学生展示学校校史馆图片以及海军节视频资料,讲述青岛六十六中校友王志进在党组织的领导下,于1949年为海军的建立做出贡献的故事,感受七十多年前同龄王志进那个炮火纷飞的年代的报国心路历程,使学生受到心灵上的震撼与洗礼,感悟中国共产党为中国人民指明的前进道路和新中国的来之不易。 2. 学生讨论 一百多年前,正在读书的李大钊和周恩来的理想和志向是什么? 为什么会有这样的选择? 七十多年前的王志进校友在六十六中读书,是怎样的理想志向让他参与了"黄安舰起义",为国立功? 从他们身上我们学到了什么? 3. 教师总结 在艰苦卓绝的战争年代,优秀的革命青年为追求民族独立、人民解放舍生忘死。一代代共产党人凭着"革命理想高于天"的坚定信念,历经千难而锲而不舍、经历万险而勇往直前。百年间,从落后挨打到民族解放,从支离破碎到团结奋斗,从战火纷飞到岁月静好、山河重塑,新中国成立依靠的正是信仰的力量、无畏的精神、救国的决心和对未来的美好憧憬。 【设计意图】讲述革命前辈的青春故事带给学生们的不仅仅是心灵的启迪与震撼,更多的是引起他们对家与国、个人前途与民族大义的思考,引导学生自觉将个人梦想与国家梦想相结合,树立为祖国和人民奋斗、赤诚奉献的坚定理想信念。唯如此,他们才能承担起中国特色社会主义建设者和接班人的历史使命,才能用自身的发展、进步推动国家的发展和社会的进步。 【第二篇章】继承:父辈们的激情青春——报效祖国竞风流 1. 学生讲故事 讲述习近平总书记十五岁开始到陕西延川县梁家河大队插队的知青岁月。内高班学生讲述父辈在二十世纪六七十年代建设边疆的青春故事。 2. 家长讲故事 学生孙海岳的家长现场为同学们讲述他和爱人在改革开放后的二十世纪八九十年代,初中毕业后远离家乡考入军校,为祖国的国防事业奉献青春的故事。

行标签 **【班会流程】**

【班会流程】	3.学生交流讨论 父辈的青春奉献具有怎样的时代意义？我们从他们身上学到了什么？ 4.教师总结 新中国成立初期，为了改变落后面貌，父辈在党的号召下激情创业；改革开放之后，为建设中国特色社会主义，父辈发扬伟大的创造精神、奋斗精神、团结精神、梦想精神，在各个领域挥洒青春的汗水，把激昂的青春融入伟大祖国的时代征程。 【设计意图】学生自己详述父辈用激情青春报效祖国的感人故事，能够给他们带来深刻的感触。学生家长现场讲述自己的青春励志故事，更能够使学生们共情，带来心灵上的震撼。教师总结进一步指出：只有进行了激情奋斗，只有进行了顽强拼搏，只有为人民做出了奉献，才是充实、温暖、持久、无悔的青春回忆。 进一步引导学生明确在没有战火与硝烟的和平年代，青年学生的责任和担当就是努力学习、增强本领，提升听党话、跟党走、建功立业、报效祖国的信心和决心。 **【第三篇章】践行：同辈人的出彩青春——勇立潮头显风采** 1.学生讲述 习近平总书记为"00后"抗疫女孩刘家怡点赞的故事。 2.学生交流 讲述所了解的同龄人的感人事迹，分享在同时代的同龄人身上学到了哪些优秀的品质。 3.教师总结 "00后"新生代用自己的勇敢无畏冲在抗疫、抗洪前线和奥运赛场，证明了"00后"与前辈们同样能够扛住艰难和困苦，同样满怀着责任心和勇气，为国家、为社会、为人民贡献出自己的一份力量。"00后"正在时代的洪流中披荆斩棘，在暴风雨中茁壮成长。他们用行动诠释着报效祖国的初心，书写着属于自己的成长宣言，展现着青年一代的责任与担当，证明着少年强则中国强！ 【设计意图】学生讲述他们熟悉的同辈人的出彩青春故事，在越来越多的青年身上读出了奋斗精神、拼搏精神和责任担当。学生深刻感受到了"00后"一代正以"一代更比一代强"的姿态放飞青春梦想，展示坚强的青春力量，已然成为新时代的脊梁。激发学生增强"请党放心，强国有我"的信念，坚定实现中华民族伟大复兴中国梦的信心，以脚踏实地的行动在祖国和人民最需要的地方奉献青春力量。

续表

	【第四篇章】畅想:我们的梦想青春——请党放心,强国有我 1.教师引导 　　无数"00后"用实际行动证明了这一代人是可靠的新一代,新时代青年生逢盛世,肩负着实现中华民族伟大复兴的历史重任,如何成为有志气、有骨气、有底气的时代新人? 2.学生思考 　　(1)十五年后,三十岁的你是什么样子? 三十年后,四十五岁的你是什么样子? 　　(2)新时代的我们应该立的志向是什么? 为了实现我们的志向,现在应该做什么? 3.教师总结 　　"00后"有着年轻人的活力与朝气、时尚与爱美,但是当灾难和挑战来临的时候,所有的装饰都褪为勇敢的颜色:军装的绿色、国旗的红色、泥土的黄色、防护服的白色……所有的颜色背后是"00后"稚嫩脸庞上坚毅的笑,是一颗勇往直前的心和对世界的热爱! 　　新时代青年就是中华民族伟大复兴的中流砥柱,我们每个人都要有自己的人生定位,都要在各自的岗位上做最好的自己。也许我们平凡,但我们决不平庸;每个人的贡献不同,但是千万个有志青年一起努力,就能汇聚起磅礴的力量,这就是伟大的中国力量! 　　**【设计意图】**中国已经实现了第一个百年奋斗目标,正意气风发地向着全面建成社会主义现代化强国的第二个百年奋斗目标迈进。站在百年望百年,学生给十五年后和三十年后的自己画像,明确前进方向,脚踏实地践行,就是要引导学生深刻认识到:中国梦是历史的、现实的,更是面向未来的,是国家的、民族的,也是个人的,终究要在青年一代手中变为现实。新时代青年要把个人追求与梦想融入祖国和人民的事业发展中,青年人应敢于追梦、勤于圆梦,将同人民一道拼搏、同祖国一道前进确立为个人发展的方向,用中国梦激扬青春梦。 **三、升华认识** 1.教师引导 　　从1921年到2021年,建党一百年的时间,在中国共产党的领导下,我们的祖国发生了翻天覆地的变化,开启了凤凰涅槃、浴火重生的新征程。今天我们追忆往昔革命前辈的峥嵘岁月,感受父辈志在四方建设祖国的火热青春,与同辈榜样们一起奋进前行,畅想中国更美好的未来,更应该铭记和传承的是中国共产党的伟大领导和中国人民万众一心的凝聚力和气势磅礴的民族精神。 　　哪有什么岁月静好,只是有人为我们负重前行。每一名中华儿女都应当珍惜英雄前辈们用鲜血和生命换来的美好生活,肩负起属于我们这一辈人的时代使命,以时不我待的紧迫感勤勉学习,为实现中华

【班会流程】 (左列)

	民族伟大复兴的中国梦而努力奋斗,我想这应当是我们这节班会课的主题和意义所在。 **2. 学生齐诵** 　　我们是五月的花海,用青春拥抱时代。我们是初升的太阳,用生命点燃未来。五四的火炬,唤起了民族的觉醒,壮丽的事业,激励着我们继往开来。今天我们行进在奋进的路上,我们要争做青春榜样。梦在前方,路在脚下,我们都是追梦人。为实现第二个百年奋斗目标,为实现中华民族伟大复兴的中国梦,我们准备着!不忘初心,青春朝气永在!志在千秋,百年仍是少年!请党放心,强国有我!青春向党,志在远方!永远追求卓越,一生报效祖国! **3. 作业布置** 　　请同学们以"你好,2035——写给 15 年后的自己"为题,写一封信,字数不少于 800 字。 　　**【设计意图】**教师总结之后,将共青团之歌《我们是五月的花海》和建党百年庆典诗朗诵的片段巧妙融合,全体学生齐声朗诵。深情而饱满的朗诵气势恢宏,能够激发出学生心中的豪情壮志,将青春理想与家国情怀紧密结合,对"听党话、感党恩、跟党走"有最深刻、最鲜活的理解和感悟,在气势上充满前进的力量。在写给自己的信中,他们会在追忆与传承、追梦与践行中树立新的目标、新的追求,做到强国有我、青春无悔!这一环节与开篇的诗朗诵首尾呼应,深深契合本次班会"奋斗的青春最美丽,美丽的青春献给党"的主题。
【班会效果】	整堂班会在"追忆——继承——践行——畅想"这四个篇章中,将革命先驱——父辈们——新时代同辈人这三个不同时代人群在各自的青春年少时立志救国、报国、强国的感人事迹如一幅历史长卷般层层展开,青春向党、志在四方的精神在百年间一脉相承而又与时俱进。在生动的讲述、专注的倾听、深沉的思考和热烈的讨论之后,学生畅所欲言,分享感悟与体会,表达志向与决心,整堂课充满了饱满的激情和昂扬的斗志,学生在自我感悟与激励中完成了情感上的升华。 　　第四篇章的畅想环节是本节主题班会课的德育落脚点,学生纷纷表示,既要仰望星空,又要脚踏实地。开篇的诗朗诵与结束前的齐声诵读首尾呼应,将美好的青春与奋斗的青春相结合,将听党话、跟党走与立大志、重践行相结合,同时融入了学校的"四自"教育德育理念,鼓舞着每一位同学在继承中创新、在创新中传承。相信每一位同学在这节班会之后都能够在奋斗中成就青春梦想,永远追求卓越,一生报效祖国。

大事化"小"，小事化"大"

山东省青岛第六十八中学　孙娜

古语云："大事化小，小事化了。""化"指的是变。意思是，经过妥善处理，将大事化成小事，小事变成没事，息事宁人。这句话出处是清朝曹雪芹《红楼梦》第62回："'大事化为小事，小事化为无事'，方是兴旺之家。"这句话适用于大多数的情况，但面对特殊情况，要具体问题具体分析。

高一刚结束，回想这一年的班级管理时光，大事没有，小事不断，总体来说比较平稳，眼看就要放假时，班里出了一件意想不到的事。

高一的学生，身份刚从初中生转换成高中生，在生理上已经是一个大孩子了，可是心理上还没有转变成功，这一点在住校生的自控能力上体现得格外明显。在应该午休的时候，他们来回串宿舍；晚休铃声已响，他们还在楼道里疯狂地追逐；晚自习时，他们不是在交头接耳说闲话，就是在捣鼓自己的小摆件。为了让孩子能有一个交流情感，解决多余精力的途径，也为了班主任能有一个了解班级的途径，我在班里放了一个本子——《班级日志》。学生通过匿名的形式写写自己的感想，聊聊当天的事情；有的学生会在本子上说一下自己在数学学习上的困扰，大家会帮忙出谋划策，帮忙调整学习计划；在临近考试之前，大家会在新的一页纸上，写上相互鼓励加油的话语，甚至是这次考试的目标。《班级日志》一直持续了很久，效果也很好，学生积极参与，过了一段时间，晚自习的纪律很明显改善了，晚休与午休也比之前更好了。

事情的转折就发生在高一下学期会考前。

突然有一天，学生B跑过来和我说，学生A一上课就哭着跑出去了，现在已经上课20分钟了，还没回来。原来，学生A是班里的班委，平时在管理班级方面尽心尽力，但是在方式方法上比较强势，有的学生可能接受不了。又因为学生A的一些行为，学生们开始进行大面积的"吐槽"，于是他们就把目标瞄准了班里的《班级日志》，在这个本子里写了一些话，下面还有一些同学跟帖回复。这个本子原来是被学生藏着的，可是不知怎么的就被学生A看到了，里面的一些话语，她接受不了，就哭着跑出去了。

我首先让学生 B 把那本《班级日志》拿给我，然后和上课的老师打了招呼，安顿好班级后，让这个孩子去找到了学生 A，带到了我的办公室。来的时候，她还是很激动，我让学生 A 给我讲一遍事情的经过，她告诉我，班里的学生针对她、排挤她、诬陷她，所以写了这些内容。我首先问学生 A："这个本子里的内容你看过之后，大家写的是不是真实的？"她斩钉截铁地说："不是！"

于是我拿出本子，问她最接受不了本子上的哪句话，她指出是"穿着暴露，不符合高中生的行为准则"。我问她，这句话是因为哪一件事引起的呢？学生 A 告诉我时间与地点，我立即调出当时的班级监控，很快找到了当天她穿的衣服。我没有说话，只是把她和后面的女生单独截图，我问她她和后面这个学生的衣服有什么不同。她依然认为没有不一样，我提醒她看领子部分。她恍然大悟，她的衣服领子到肩骨左右，后面的同学是标准的圆领 T 恤。后来经过与其家长沟通，也证实了那件衣服是家长的，被瞒着带到了学校。这时她的情绪稳定了一些，我问她，同学写的这句有没有一定的道理？她点头，认识到了自己的问题。

紧接着，我又问了本子上出现频率比较高的"教室脱鞋"的原因，她解释了一下，是鞋子不合脚，把后面的皮磨破了，她实在太疼了，偷偷把鞋帮踩下来，歇一歇。这个事让她接受不了的是后面跟着类似于"抠脚大汉"的话，以及画的抠脚的漫画。我问她，为什么会有人这样写，这样画，是不是就和她对于那件衣服的理解是一样的，大家都对某些事有误解？到这时，学生 A 的情绪已经完全稳定了，她自己也意识到了自己的问题。我又和她探讨了一些大家这样做的原因：是不是和她的管理方式有一定的关系？是不是和平时的沟通也有关？当她从我办公室中离开时，情绪好了很多。

因为时间比较晚了，并且我觉得沉淀一晚上，利于双方的情绪稳定与事情的解决，于是我决定第二天一早具体处理这个事。晚自习前，我特意打了电话，让值班老师多关注我们班这个学生。结果，晚上八点不到，我就接到了学生 C 打来的电话。她叙述大体内容是，因为学生 C 与女生 A 走得近，所以大家连着学生 C 一块排挤，这个事又激起了女生 A 的情绪。我在电话里用了一个小时的时间，安抚好了她们，让她们回去上自习，又让同宿舍的学生关注她们的动态。随后我又接到了女生 A 妈妈的电话，我们进行了交流。

第二天一早，我把参事双方的学生叫出来，拿出本子让大家认领自己写的内容，在下面签上自己的名字。我让写名字的学生讲了一下事情的经过，听完他们讲述，我将女生 A 及其母亲对于鞋的事情和其他学生说明了一下，这几个学生的表情有了变化。随后我又问："是谁亲眼看见女生 A 在班里抠脚？"没有人回应我，于是我问写"抠脚大汗"和画漫画的两个学生："你们没看到，为什么要这样写？"学生只低着头不说话。接着，我又问指出衣服问题的那个学生："这件事是不是你亲眼看见的？"她回答："是。"我说："这件事你做得对，她穿的衣服确实不太合适，如果你将这个事私下和她说，这个事就是好事，但你通过这样的方式，是不对的，你同不同意？"学生对于这个事也认识到了不妥之处。

"孩子们，你们看到社会上那些不明是非黑白、盲目跟帖的键盘侠，有什么感受？是不是特别烦？那你们现在的行为和他们有什么区别？你最讨厌的事，却是你正在做的事啊！你对这个同学的哪些言行举止不太认可，大可课下和她交流，可能班委在管理班级的时候有些方式方法不太合适，那么为了咱们班级的发展，你可以私下向这些班委提出意见，这都不要紧，但大家采用的这种方式是最不好的！今天咱们就开诚布公，谁的错谁道歉，无论错大小，一视同仁！"经过一个上午的沟通，这件事情终于得到了解决。

这种事，我是第一次遇到，并不知道该如何处理，也是摸着石头过河，回头看，有几点是值得我思考的。

第一，需要通过不同的当事者的讲述，来全面了解一件事。每个人都会从自己的角度出发，对一件事进行带有一定主观色彩的讲述，所以要让他们多次从自己不同角度进行讲述，第一体现公平，第二体现老师的重视。

第二，无论是过错方还是无错方，都要让他们分析自己的错在哪。一个巴掌拍不响，我主张先从主观找原因，分析完主观因素之后，再一起对比主客观因素哪一个影响更大。这样，让学生在一开始的时候先稳定情绪，有错的知道错在哪，认为自己没错的也知道自己不是完全无辜的。这样利于让学生将大事化小，更利于后续的处理。

第三，不要过于同情某一方。双方肯定都有问题，可能有一方过错稍微小点，这种时候，班主任要进行客观的分析，"这个地方你对了，这个地方你错了"，不要有过多的表示同情的言语，因为同情只会加重学生的委屈心理，致使其只看到自己的委屈，而看不到自己的不当之处，这个不当之处很有可能就是事情发展的源头。无论过错是小还是大，只要有过错，就必须向对方道歉，一律平等。

第四，就是尽量不要让当事学生接触过多的负面影响。本来当事者已经消化得差不多了，结果晚上另一个同学的事情发生之后，激化了当事人的情绪，使得事情的解决麻烦了一些。

第五，当事情进展得差不多时，可以放手让学生自己处理。在调节过程中，第一次双方学生坐下来聊的时候，效果不是太好，因为十六七岁的孩子，正是好面子的年龄。我在沟通的过程中发现，好几个学生自己提出来想私下道歉，我一听，正合我意，但我假装担心，说："你们打起来怎么办？"在学生给我立下保证之后，我就让他们自己交流去了。没过多久，孩子们手拉着手回到班里了。根据班主任对学生的了解，适当的时候，可以放手让学生自己来解决，效果甚至比我们处理更好。

第六，善于运用情感牌。处理事情当天，我从六点半进校到中午十二点半，一直未进办公室，在集备室处理这件事情。在处理的过程中，有一段时间特别僵持，没法再进行下去，为了缓解气氛，我无意地将当天的行程告诉了学生。当学生们听到班主任为了他们的事情一直在奔波时，大家的态度就不再那么强硬了，也推进了后续的处理。其实班主任为班级的事情操劳本不是什么大事，但在这种僵持不下的局面里，我将它扩大，反而给了学生们一个缓解的借口。

最后，"大事化小，小事化大"的理念还体现在对学生的"提醒"上。在这个事情发生时，我将这个事情尽力压下来，将这件事从班级矛盾变成同学间的小误会，避免了学生一开始的抵触心理，提醒大家，这是同学间的小误会，不要随意扩大。然后我以上课为由，让人数较少的一方回去了，和人数较多的过错方进行交流。我给他们分析这件事情的严重性，可能被学校记过、被处分，并在个人档案中体现。学生在听到"处分""记过"等字眼时，已经开始害怕。

大事化小，减少它的负面影响；小事化大，使学生认识到每一件事情的重要性。

关爱学生心灵

山东省青岛第六十八中学　孙娜

在和内高班学生的日常接触中,我感觉学生的整体素质不错。他们爱祖国、爱家乡、爱亲人;在生活中,他们勤劳、纯朴、节俭、吃苦耐劳;在学习上,他们勤奋、刻苦;他们尊敬老师,同学之间团结友爱、互帮互助;他们多才多艺、能歌善舞、感情丰富。这些优良品质深受老师和同学们的喜欢。同时,我也看到了他们身上存在的问题,有些学生攀比心理强;有些学生不遵守学校的规章制度,对老师有抵触情绪,甚至想逃避学习;学生内部矛盾、纠纷时有发生;有些学生迷恋上网,影响身体健康;有些学生意志薄弱,抗击挫折能力弱。金无足赤,人无完人。这些经过考试选拔出来的学生,敏感,自尊心和好胜心极强,十五六岁离开亲人来异地求学,缺乏自控能力,存在这样那样的问题也在所难免。

从教经历使我深深懂得:作为一名教师,当学生出现问题时,千万不要简单、粗暴地处理,在分析和解决问题时,要以真诚和宽容善待学生。在我把最真诚的爱洒向学生心田时,他们有什么心里话都愿意向我诉说,这种依赖和信任,让我也喜欢聆听他们的心声。在聆听中,用欣赏和赞美的眼光去发现蕴藏在他们身上的闪光点,并给予充分的肯定,使他们能够以最大的决心和最顽强的毅力去克服自己身上的不足。

苏霍姆林斯基说:"真诚的关切是和谐发展的一般基础,在这个基础上的各个品质都会获得真正的意义。教育工作者只有带着真诚才能走进学生的心灵,才会有成功的教育。"在我与学生心与心的交流、情与情的交融中,桀骜不驯的学生被我"驯服"了,意志薄弱的学生变得更加坚强了,同学之间的矛盾和摩擦悄无声息地化解了,一些不良的行为习惯也慢慢得到了纠正。

2015年7月,我离开在其中学习了四年的大学校园,经过近两个月的选拔,非常幸运地进入了青岛崂山二中*（现青岛第六十八中学）工作，从事我向往的职业，成为夸美纽斯口中"阳光底下最伟大的事业"中的一员。从跨入崂山二中的那一刻，我有一种当年考入曲阜师范大学的那种激动，我终于实现了我的梦想，站在神圣的三尺讲台上了。

忙碌而丰富，这是我工作的真实写照，我，累并快乐着！

抛开初入学校的新奇、激动，也有一些忧愁。在上第一节课时，我就被一名来自新疆的同学吸引住了。他坐在靠窗的最后一排，从我进教室，他就没抬一次头，一直趴着睡觉，直到我们开始做课堂巩固时，他被同学们的回答声吵醒，抬起头，用迷茫的眼神看着我，看着周围的同学，没有看投影仪上的题目，在同学们回答之前，随便说了一个答案，然后趴下接着睡。第二次上课的时候，我又观察了他一节课。他依然是睡觉，哪怕是翻翻身、转转头，换个姿势的时候，也不抬头，仿佛身处世外桃源，整个教室里的人和事物都与他无关，他只活在他自己的世界里。

第二次课下课后，我将他带到办公室，拿了个椅子，放在我的对面，让他坐下，我什么也不说，只是看着他。他一开始就知道我为什么让他来，所以自坐下后就一直冲着我笑。他笑的时候，我一句话也不说，直到他不笑了，脸上稍显严肃，我知道他的心已经静下来了，我才进入主题。

我问他为什么上课睡觉，他说，困。我问他是不是因为我讲得不好，所以不愿意听。他说："老师，不是你的原因，我上什么课都睡觉，不光是你的课。"我接着问："那你晚上都干什么，不睡觉吗？"他的回答着实令我一惊："反正也听不懂，就这么着吧！"原本我以为他会说没睡醒一类的话，没想到他直接就说放弃的话，那时候才高二刚开学不到半个月，刚刚分完科，他就放弃了，这是一个学生应有的态度吗？那节课，整整四十分钟的课，我和他交谈了四十分钟。我询问了他的一些困难，并且请他从父母的角度思考一下，父母辛辛苦苦地供他上学，难道他不能为父母想一下吗？他开始有所动容，我和他约定，以后政治课上课的时候不睡觉，每次下课，将他的书本、练习册和笔记本，都送到我办公室，我亲自检查。最后，我问他，是不是有很多老师都跟他说过这样的话。他说："老师，只有两个老师跟我说过这样的话，其他的老师都放弃我了。"我听了有

---

* 崂山二中，即崂山区第二中学，2017 年规划为青岛市属高中，更名为山东省青岛第六十八中学。

点心酸。

第三节课的时候,我又观察了他一节课。虽然四十分钟的课他中间有几次分神,但很快就回过神来了,我能看出,他在很努力地克制自己,不去睡觉。很高兴,他成功了。下课后,他把书本、练习册和笔记本都送到了我的办公桌上。第四节课,他坚持依旧,努力依然。第五节课……如今,我上课的时候,还是会关注他,不再是看他睡没睡觉,而是看他是否能跟得上课堂的脚步,能否听懂我讲的课。

一个老师的关心,可能改变一个孩子的一生。我不奢求能对他的人生有什么重大的影响,我只希望,他在高中阶段不要放弃自己。在这段艰难的历程中,老师的关爱是非常重要的!

朋友般的真诚,让我们的"家"更温馨、和谐。我在管理内高班时,还有一个方法助我一臂之力——暗示法,它让我管理班级更加得心应手。

暗示法在班级管理中的作用在于它以无批评的形式接受批评,对学生不产生心理压力,不强求学生接受,但能产生积极的、主动的影响,起到潜移默化的作用。

环境暗示。在班级管理过程中,要以学生的自尊心为重心,充分利用学生学习环境。比如建立班级制度,通过一种无形的约束,对学生进行一种暗示。

语言暗示。对不同性格、不同表现的学生要用恰当的方式、合适的语言进行意在言外的暗示,传递信息、交流感情,这样更容易使学生接受,更容易沟通师生之间的感情。

行为暗示。在恰当的环境下,给学生以行为暗示能够起到语言所不能表达的效果。比如,上课时发现有的同学在玩手机,我没有直接点他的名字,而是走到他的座位旁,站在那等一会,就几秒的时间,他就明白其中的原因了。这样既保护了他的自尊心,也达到了我想要的结果。

心理暗示。心理暗示是一种能比较持久地、微弱地影响整个人精神活动的情绪状态。良好的心理环境能促使学生克服困难、积极主动地学习。反之,则使学生烦闷消沉。比如,在跳高时,有的学生总觉得自己跨不过去,我会鼓励他们说:"你们看,那个比你重了快一倍的同学都能轻松地跃过去,你一定能行的。"于是学生立刻充满信心,心理暗示自己跳过去不是困难,没有了包袱,放开了就可以做得更好。

识己暗示。要善于抓住学生的思想状况,利用积极的识己暗示,以促进良好班风的形成。前一阶段,几个节日接连而来,我发现班内一部分学生纪律松懈,有些浮躁,但我没有正面点出这些现象,而是开了一个别开生面的"说说你的缺点和优点"的主题班会。具体做法是:把学生分别请上讲台,让他们先说说自己的优点和长处,分析自己的缺点和不足,再谈谈自己的决心。同学们互相寻找闪光点,互相鼓励,互相进步。不久,班内有缺点的同学基本上改正了自己的缺点,取得了意想不到的效果。学生在向老师汇报的过程中充分认识了自己,了解了自己,进行了自我反省,避免了师生对抗。

由此,我感受到正确使用暗示的方法,能让班级管理收到意想不到的效果。我刚刚踏入社会,从一个课堂进入另一个课堂,角色的转换、方法的应用、人际的交流……有很多需要我去学习的。

关爱你身边的每一朵花骨朵,用我们的爱去浇灌,让他们更加茁长地成长!用朋友般的真诚,让我们的"家"更温馨、和谐!

每颗心后面都有一个"灵"字,那是一个一个有灵性和生命的东西,那是我们人民教师最应该守护的对象。

优化班级活动　创班级特色文化
——高中中澳班班级活动实践探索

山东省青岛第十六中学　兰兰

一、中澳班基本概况

青岛第十六中学中澳班是青岛市首家公办高中澳大利亚出国留学的中外合作高中班级,展现了青岛第十六中学特色办学、多元化发展。中澳班引进国外优质教育资源,将普通高中教育与澳大利亚维多利亚州高中课程(VCE)体系有效结合,形成了独具特色的本土化国际高中课程与文化。中西课程的融合、中外文化的互通,充分展现了新时期教育改革中发扬学生自身特点、体现创新特色的新理念。中澳班独特的班级特点和风格为学生们搭建了一个张扬个性、多元发展的大舞台。

二、班级特色文化

中澳班的班级活动，其主要特点就是中外传统与文化的融合，由此形成了独具特色的班级文化。依托于学科课程本身的交叉与互补，我们在课堂之外组织了许多丰富多彩的班级活动。这些活动，既体现了中华文明的传统与深奥，又展现了国外文化的生动与活泼。在中外两种文化气息的交融下，同学们用自己的智慧与头脑、方法与特长，组织了精彩纷呈的班级活动。在活动的策划、组织和实施中，同学们的能力得到了锻炼，创新独特的班级学习氛围与文化也渐渐地形成。

三、班级活动的途径

如果说运动是个体生命的体现，那么班级活动就是班级活力的体现。班级活动的成功开展无论是对学生的个性发展还是对班级文化建设都有着至关重要的作用。中澳班成立两年来，我主要通过以下三个途径来开展班级的特色活动。

1. 依托中外课程丰富活动内容

中澳班的学习课程不仅包含中国普通高中文化课程，还包含澳大利亚的高中课程，这两种课程相互补充、相得益彰，大大丰富了同学们的学习内容。基于课程的交叉，我们开展了许多活动，如每学期一次的远程同步课堂，让同学们不出国门便可参与到国外课堂的讨论中，去领会国外课程的精髓。此外，我们还邀请了外教老师 Daneil 走入我们的英语课堂，同老师和同学们一起分享对中国传统文化的认知和理解。外教老师 Peter 更是和学生们打成一片，同学生们一起走进胶州三中，开启了校本课程送课下乡的活动。中外课程的交融丰富了学生们的学习内容，也丰富了他们的课堂文化，进而对班级中西合璧的独特班级文化起到了推动作用。

2. 利用外教参与拓宽活动形式

学校经常组织形式多样、内容多彩的外教参与活动，极大地丰富了学生的校园生活。在"校长杯"足球赛中，学生们和外教老师 Peter 一起驰骋赛场，体会快乐足球的魅力；在英语演讲比赛中，Daneil 为学生做培训讲师，带领学生体会激情演讲的乐趣；在感恩节派对上，外教老师和学生们一起游戏、一起欢笑，感受国外的节日气氛……所有的这些活动，把老师和同学们的心凝聚到了一起,不仅拓宽了学生的视野,也营造了浓厚的师生情谊和文化氛围,两国文化中思维和智慧的碰撞也带给了同学们新的思想与动力。

3. 利用社会实践打造创新特色

得益于中外合作办学的特色,中澳班有着丰富多彩的社会实践活动,有假期志愿者、"青青义教"公益课堂、澳大利亚暑期游学等等。在"青青义教"英语公益课堂中,同学们和外教老师同台授课,为外校的学生介绍中国的传统文化和美丽的学校,让更多的高中生接触到了纯正的英语和当地的风俗。在澳大利亚暑期游学中,同学们积极参与了外方的高中课程,还在霍尔姆斯学院老师的带领下,游览了澳大利亚著名的景观,与当地的外国朋友亲切地交流、愉快地生活。所有的这些实践活动,带给同学们的不仅仅是语言沟通能力的锻炼,更有异域风情与文化体验,提高了他们在国外独立生活、勇于表现自我的那份勇气与自信。

四、班级活动的意义

1. 班级活动增进了师生感情,健全了学生的品德性格

班级活动就像是一条爱心纽带,连接了教师与学生、学校与家庭。在每一次班级活动当中,大家彼此关注、用心交流,不知不觉中,大家的心就渐渐走到了一起。我们班的学生会记得每一位同学的生日,在生日这天,他们会送上写满祝福的卡片,并呈上一份精心挑选的礼物。每当同学有了困难,大家总是能彼此帮助。通过班级活动,每一位同学都渐渐变成了心中有爱、心中有情、乐于奉献的人,这些关心与帮助、真情与热心,丰富了同学们的内心世界,也健全了他们的人生观和价值观。

2. 班级活动凝聚了班级向心力,增强了学生的荣誉感

"激励成功,快乐学习"是我们学校一直打造的教育品牌。每当遇到重大的活动,我都鼓励大家合作学习、共同策划。在学校组织的"新东方杯"英语演讲中,我们班的同学通过合作训练、相互鼓励,一举夺得了一等奖,展示了自己不断进步的英语能力和自信乐观的精神状态。正是班级活动把大家的心紧紧地凝聚在了一起,真正展示了中澳班大胆自信、朝气蓬勃的精神风貌。

3. 班级活动促进了班级特色文化的发展

打造优良向上的班集体文化离不开班级活动。鲜活生动的班级活动是班

级文化的成就者和传播者，为班集体注入了新鲜的生命与活力，促进每一位同学健康快乐地成长。通过一系列的中外融合的特色活动，同学们不仅与外教老师结下了深厚的友情，拥有了更多的朋友，还传递了这份友谊与关爱。在中外礼仪与文化的熏陶下，中澳班形成了具有鲜明国外风格和融和特色的班级文化，从而成为一个自信向上、和谐发展的班集体。

在以后的教育工作中，我会继续坚持以优化班级活动来打造班级特色文化的理念，让班级活动成为班级文化重要的传承者。我们要通过班级活动，为同学们树立集体的观念、文化的氛围，在"润物细无声"中，让班级文化成为感染学生、鼓励学生不断进步、进取的动力。

愿中澳班的孩子们远在大洋彼岸之时，回首高中生活的一点一滴，能忆起大家一起共度的时光、一起奋斗的历程，愿他们高中生活收获的不仅仅是学习上的进步，还有真挚的友情、团结的班级，以及一份来自祖国催人奋进的精神与动力。

从中美关系谈高中学生德育教育

山东省青岛西海岸新区胶南第一高级中学　李明强

"时事"的运用能够激发学生的学习兴趣，有助于培养学生良好的素质，营造良好的教学氛围，培养学生关心时政、关心社会、关心国家发展的习惯。"时事"的选择及运用过程中应注意其科学性、合理性和实用性，应适时且广泛地使时事教学渗透在课堂教学中。

中美贸易战是近年来社会各界及国际关注的焦点。学生是国家的希望、民族的未来。学生既拥有广阔的发展空间，也承载着中国梦实现的时代使命。中美之间的经济贸易摩擦是经济、政治大国之间的博弈，如果我们能够利用好时事，会对学生的价值观、德育观有很好的促进作用。

让学生有大局意识和发展观。引导青年学生认清中美贸易战的形势和趋势，向学生清晰地传递正面信息。要批判负能量舆论，引导学生既不妄自菲薄，又不妄自尊大。中美贸易战短期内虽然给中国带来一些压力，但也带来了技术创新和经济转型的机会,中国必定能够打好、打赢这场持久战。

增强忧患意识教育。"生于忧患,死于安乐"时刻在警示我们,只有树立危机意识和忧患意识才能正确认识形式、正确认识差距。随着我国经济的迅猛发展,人民生活水平不断提高,部分高中生物质生活追求越来越高,穿名牌、生活用品讲究档次,不能正确认识到目前的"内外忧患"。学生需要增强学习科学知识、建设科技强国的紧迫感。学生要增强忧患意识,清醒地意识到,中国虽然在科学技术方面取得了很大的成绩,比如航空航天、北斗导航、网络支付、无人机,但一些关键装备、核心技术、高端产品,比如半导体加工设备、精密仪器、操作系统,还存在受制于人的问题。面对日益激烈的国际竞争,只有增强自主创新能力,才能实现科学技术的跨越式发展。我们必须增强忧患意识,并采取恰当的教育手段,使学生学会以平常之心对待历史上的辉煌,以积极的、正面的态度来对待美国的打压。居安思危,思则有备,有备则无患。没有了忧患意识就没有了希望。具有危机感和忧患意识的学生才能够在高中枯燥的学习中有坚定的信心,有勇气、有动力冲刺高考。

独立自强。现在有一部分学生过于依赖他人,干什么事都"随大流",缺乏主动的思考,缺乏有意识的辨别,没有主见,盲目行动。高中生虽已接近成年,但一直在父母呵护下,心智并未成熟。他们大多遇到事情首先退缩,其次是求取。家庭教育中的全面"包办"——培养四体不勤、五谷不分的"木偶人",过多地承受着父母及祖父母的疼爱和呵护,滋长了他们的懒惰、娇气、任性、软弱等诸多不良习惯。21世纪不是依赖他人的弱者的世纪,而是有自强、自立意识的强者的世纪。美国对中国科技的封锁,给我们带来了一些困难,但更能激发我们独立自主,趁此机会让我国的科技创新登上一个更高的台阶。从1988年美国和欧盟对中国的武器禁运就可以看出,封锁30多年,我们的国防建设不但没有退步,反而越来越强大,很多方面都走在了世界的前面。只要我们精心研究,沉下心,不畏惧,什么困难都可以克服。要让高中生具有自强、自立的能力,具有强健的体魄和勇敢顽强的意志,这是适应现代化社会的需要,更是承担21世纪竞技场主力的需要。教育学生自己的事情自己做,自己的事情自己拿主意,能靠自己解决的问题决不依赖他人。只有时时处处注重学生独立意识的培养,才能让学生养成良好的习惯,做一个果断自信的决策者,并依据决策意志坚定地走下去。

爱国主义教育。列宁有句名言:"爱国主义是千百年来巩固起来的对自己祖国的一种最深厚的感情。"面对商品经济大潮的冲击,外来文化,尤其是西方文化的渗透越来越大,冲击着我国青少年传统价值观念。极少数高中生的人生观、世界观、价值观、对党的信念以及对祖国的认识模糊,甚至出现了困惑和扭曲。作为一个跨国学术组织,电气与电子工程师协会(IEEE)向美国政府对华为不公平的打压低头,禁止来自华为的员工参加审稿等学术评价活动。北京大学信息科学技术学院的教授和博士生导师张海霞女士,以及清华大学计算机科学与技术系副教授刘奕群,都已经公开表态将辞掉 IEEE 的相关学术职务,并表示不会再让自己的学生投稿任何属于 IEEE 的期刊。最终在各方压力之下,IEEE 恢复了华为的会员资格。这次事件就是生动的例子,爱国不是口号,不是空中楼阁,就实实在在在身边。学生要把爱国热情自觉地与今天的学习、祖国的繁荣昌盛、民族的富强联系起来,争取学好知识,早日成才,为祖国建设添砖加瓦。

教育工作者应充分利用时事,培养学生的全局意识、担当意识、忧患意识、强大的爱国心。跨过了中美贸易战这道坎,必将迎来一个更加强大、自信的中国!

"感恩父母陪我一起成长"主题班会

青岛西海岸新区胶南第一高级中学　李明强

【授课教师】	青岛西海岸新区胶南第一高级中学　李明强
【授课班级】	高二年级化史地组合
【班会主题】	感恩父母陪我一起成长
【设计背景】	随着生活水平逐年提高,家庭对孩子物质投入增加,造成了一定程度上的名牌攀比;对知识教育的投入越来越多,疏于对思想的教育。 　　学生放假回家带回一大包脏衣物不管父母忙不忙就扔给父母,自己径直回自己房间拿起手机玩游戏;买衣服必须是名牌,尤其鞋子、手机还要新款;请同学吃饭出手阔绰;在学习上无动力,混日子现象日渐突出。

【教育目标】	观看成长照片做成的视频《时间都去哪儿了》,让同学们感受自己成长过程中父母的付出与艰辛。 　　通过阅读《孩子,我为什么打你》,让同学们认识到父母内心的焦虑,关爱心切。 　　读《一碗馄饨》,让同学们反思自己忽视了父母平时的照料,却总在抱怨。
【班会准备】	学生分组搜集成长照片,并做成视频。 　　筛选海量文章,寻找对主题有帮助的名人文章。
【班会形式】	教师讲授法、小组讨论法、课堂展示法。
【设计思路】	本节课以感恩为主题,让学生从三个环节感受父母的爱,分别是艰辛、焦虑、被忽视,通过鲜明的对比以及视觉冲击,达到自省珍惜父母的爱的目的。
【班会呈现】	观看七位同学用成长照片做成的视频配着音乐《时间都去哪儿了》。感受成长不易,在生命的每个阶段父母是如何陪伴他们的。扑面而来的是浓浓爱意,孩子们成长过程中的喜怒哀乐一一呈现出来。 　　第一个环节是张航同学读毕淑敏的《孩子,我为什么打你》。其中的点睛之笔是"唯有对半懂不懂、自以为懂其实不甚懂道理的孩童,才可以打,以助他们快快长大。孩子,打与不打都是爱,你可懂吗"。针对这两句话展开讨论。一个学生说:"半懂不懂、自以为懂说的不就是我们这个年纪吗?我们一直待在校园里,像温室里的花朵一样,没有什么社会经验,也不完全了解家庭的困境,却自以为什么都懂,什么都可以承担。但是我们真的能够承担得起吗?我们有什么资本可以承担?敢说自己的决定是最好的吗?"另一学生说:"父母对我们的爱呈现方式是多样的,我们要仔细体会,包括文章所说的打和不打。" 　　【设计意图】让学生认识到父母在其成长过程中表现的焦虑以及关爱心切,从而尊重父母的建议。 　　第二个环节是丁洁读《一碗馄饨》。最点睛的是"有时候,我们会对别人给予的小恩小惠'感激不尽',却对亲人一辈子的恩情'视而不见'"。读后让学生们说一下自己的感受。其中一个学生分享了自己抱怨父母对自己关心太少,朋友却对自己很关心的例子,最后说:"这篇文章让我想起了早晨妈妈做饭的身影,爸爸送我上学的样子,也让我认识到爸爸妈妈对家庭的负责任就是对我的爱啊!我们每时每刻都在享受着父母给我们的爱。"总结发言:"父母对我们不是没有爱,而是爱太多让我们不以为爱。爱不是一句空话,爱渗透在我们的一餐一言一行中,品味爱才能感受爱!"

【班会呈现】	【设计意图】通过对比，让学生感受到父母在日常生活中默默付出却被忽视，反省自己的行为。 　　第三个环节是观看张航父亲发过来的工作视频，介绍恶劣的海上工作环境和长时间的工作，让孩子们深深感受到父母每天所承受的压力与辛苦。一个学生发言称："总以为挣钱不是什么难事，当听到连续工作四天四夜的时候我惊呆了。有一天睡不好觉的时候我都感觉头要炸了，提不起神，很难想象这位叔叔怎么承受这么长时间的工作。以后一定要珍惜父母花在我们身上的每分钱。吃得饱穿得暖就是幸福，不能攀比。" 　　【设计意图】让学生感受父母工作的艰辛，珍惜美好生活，感恩父母的付出，形成正确的价值消费观。 　　班主任总结：看到视频中父母快乐和伤心的样子，你们是否回忆起了自己的成长过程，你感恩你的父母了吗？多站在父母的角度思考问题，我们未经历父母的付出过程，未接受社会的洗礼，那就多听父母的建议，多感恩父母为我们提供的优良生活环境，感恩父母陪我们一起成长！
【班会效果】	这次班会让学生深深感受到了一路成长过程中受到父母太多的恩惠，孩子在成长，父母也在努力适应孩子。学生开始用自己的实际行动去回馈父母，从洗自己的衣服开始，从收拾碗筷开始，从低下头认真学习开始。

春风化雨　润物无声
——全员育人导师制案例

山东省青岛第十六中学　兰兰

　　杜甫诗云："好雨知时节，当春乃发生。随风潜入夜，润物细无声。"春天，正是草木复苏、雨水滋润的季节，知时而至的春风春雨载着湿润的雨露悄悄地洒向人间。这是一种多么美好的意境啊！而我们的教育又何尝不是这样？

　　全员育人导师制让春风化雨、润物无声的教育成为可能。导师制是我国教育改革的新制度，其最大的特点是师生关系密切。导师不仅要指导学生的学习，还要指导学生的生活。它作为推进"个性化、亲情化"德育工作的一个有效载体,遵循的是"以人为本、因人而异、尊重个性、面向全体"的原则。在全员育人导师制的引领下,教师能够更好地贯彻全员育人、全过程育人、全方位育人的现代教育理念,更好地适应素质教育的要求和人才培养目标的转变。

一、案例背景

我是青岛十六中中澳班的班主任。众所周知,中澳班是全校录取分数最低、习惯最差、最难管理的一个班。在纪律上,他们随意散漫,缺乏约束力;在学习上,他们自认为是学校中最差的学生,没有学习的目标和对未来的追求;在人际交往上,他们自我孤立,很少与他人合作;在家校沟通方面,有的家长存在自己多交了钱就应该享受更优质的服务的想法,更别提与老师积极配合了。面对班级管理及个体教育上的种种困难,我想:这些孩子从小学到初中,肯定挨了老师不少批评了,如果我再用单一的批评命令的方式来管理他们,肯定收效甚微。我必须另辟蹊径,选择一条新的道路去走进他们的生活,打动他们的心灵,只有全方位地关心与爱护,给予他们最大的鼓励与信任,才能让他们健康发展与成长!在实施"全员育人"的过程中,我采撷其中的一个案例与大家分享,让我们一起步入小黄同学的成长世界。

二、案例过程

1. 问题的出现

小黄同学在高一学年英语成绩特别不好,记得有一次,我提问她一个小学学过的问题,她竟然回答错了。我当时惊愕极了,因为我们这个留学班级最重要的科目就是英语,英语学不好,还怎么出国读书呢?所以下课我严厉警告了她:如果她的学习成绩继续如此,别说出国,国内高中毕业都成问题。听了我的话后,她显得特别伤心。从此之后,她学习萎靡不振,上课睡觉、作业不写,我几次找她谈话,她都说自己的英语基础本来就差,现在加上外方课程就更学不会了。她不愿和同学交流,更不愿合作,总是一个人孤零零地坐在座位上,谁也不理。我还接到了几次她妈妈的电话,她用很严苛的语气质疑我们的教学,质疑女儿到高中为什么成绩一直不见起色,质疑小黄同学和班级同学们的关系……每一次电话,都是她的一通抱怨与怀疑。面对这些棘手的问题,我没有畏难和退缩,我暗暗告诉自己,一定要用耐心与恒心来解决好小黄同学的问题,我要让她成为一个积极向上、乐观开朗的女孩子!

2. 问题的解决

(1)帮助她提高成绩

小黄同学是个性格内向、心思敏感的女孩子,成绩的低迷让她的性格更加孤僻。我选择先从努力提高她的学习成绩入手。我为她单独制定了一个成绩跟踪表,标注她每一次的成绩曲线,留心她的课堂听写,给予她更多的发言机会,只要她有一点点的进步,我都及时地表扬她,并给出合理的建议,告诉她如何做得更好。在课余时间,我总是多询问一句她是否有学习和生活上的问题,并请她到办公室来谈心。在我的悉心关注下,她的成绩渐渐有了提升。

(2)帮助她树立信心

看到小黄同学的英语有了进步,我在班上表扬了她,我对她说:"你的英语基础那么弱都能取得这么大的进步,证明你完全有能力在其他事情上做得更好。只要你想做好,就一定能行!"在我的鼓励下,她比以前学习用心了,英语听写都是 A+,每次作业也都认真完成,各科老师都反映她在学习上比以前积极、自信多了。随后,我还鼓励她积极参加各种竞赛,例如学校举行的英文演讲比赛、全国中学生英语能力竞赛、亚洲数学竞赛。以前这些竞赛对于她而言都是遥不可及的,但现在她发现自己也能够参与其中并取得不俗的成绩,渐渐地,她的自信心树立起来了。

(3)帮助她融入集体

因为小黄同学在各方面都有了巨大的进步,同学们也对她刮目相看。利用这个契机,我就鼓励她和同学们合作,积极参加学校的各项活动,例如英语夏令营、"青青义教"英语公益课堂、澳大利亚暑期研学。在"青青义教"英语公益课堂中,我鼓励她与外教老师同台授课,为外校的学生介绍中国的传统文化;在澳大利亚暑期研学中,我鼓励她积极参与外方课程,领略异国的文化风采。渐渐地,她与同学们的关系亲密了,也懂得了团队合作的重要性。

(4)家校合作,共建和谐

我与小黄同学的妈妈一直保持着联系。每次她妈妈来电话,我都很耐心地把电话听完,记住她所反映的事情,随后我仔细观察、记录,再有理有据地给予回应。此外,我还建立了家校联络本,我先让小黄同学总结出某一阶段的表现,我再给出意见和评价。最后,反馈给家长写出配合方案。起初,小黄同学的家校联络本上只有她爸爸的寥寥几句,但在建立了良好的电话沟通的基础上,她的妈妈也开始在联络本上留言。我一看，这真是一个好进展，于是，我就更加用心地写好每一次对孩子的观察与评价，并鼓励她不断努力。渐渐地，她的妈妈写的话越来越多，情感也越来越真挚。一本小小的联络本，凝结了老师、家长和学生三方的交流和感悟，让我们互相更加了解，加深了感情。

三、效果前景

在我的悉心关注和不懈努力下，小黄同学渐渐地成长起来了，她的学习成绩优异、性格自信开朗。她获得了学校举办的英语单词竞赛一等奖，获得了学校三等奖学金，还获得了亚洲数学竞赛的铜牌。同时，她也拥有了很多的朋友和真挚的友情。我想，她收获的不仅仅是一份心意，更是一份来自他人的理解和关心。在毕业告别会上，我收到了她给我的一封信，信中写道："兰老师，您是第一位在英语学习上表扬我的老师，虽然我成绩差，但您始终没有放弃我，您让我知道，其实我能行！"小黄同学的妈妈还代表全体家长，向学校赠送了"中澳合作结硕果，十六桃李满天下"的锦旗，来感谢学校对孩子的辛勤教育。当天晚上，她在给我发的微信中写道："兰老师，你一定舍不得孩子们，看了真的很心酸，眼泪又含在眼圈里，真的很感谢你！"看到这句话，我被深深地感动了，我深刻地感受到了师生之间最温暖的情谊！

四、案例评析

1. 教师应怀一颗包容之心

一位哲人说过：天空收容每一片云彩，不论其美丑，故天空广阔无比；高山收容每一块岩石，不论其大小，故高山雄伟壮观。这无疑是对宽容最生动、直观的诠释。教育需要一定的宽容，宽容中的信任和等待，有时比惩罚还起作用。小黄同学的成绩低迷、行事孤僻并不是故意为之，而是由于方法不当、信心不足，这时老师就要给予充分的理解和宽容，待学生认清自我、敞开心扉，从而激发其内心最原始的动力。

2. 教师应怀一颗信任之心

在人生的旅途中，我们每个人都曾受到过无数次鼓舞和激励，从而激发出无限的潜能和力量。我特别注意去观察小黄同学身上的积极因素，抓住闪光点及时表扬，如课堂上思维敏捷、发言独特、为人坦诚。我的一个眼神、一句鼓励的话、一段充满信任的文字，都足以点燃她内心深处的激情，激起她的自尊心，逐步唤起她追求进步的渴望。

3.教师应怀一颗博爱之心

教育是世界上最生动、最有创造性的事业。我们的教育对象是一群富有青春活力、激情四射的孩子。他们就像春天里茁壮成长的树苗,应当有同一片广阔的蓝天和同一片温暖的阳光,我们应当给予他们平等的阳光与雨露。我对小黄同学与其他同学都是平等的,哪怕是批评,也总是动之以情,晓之以理。孩子们的内心深处最渴望的就是平等与尊重,教师一句及时的肯定、一个赞赏的眼神、一次正义的帮助,都会成为开启他们心扉的钥匙。

4.教师应怀一颗真诚之心

家校沟通是学校与家庭教育中永恒的话题。我用爱与激励,用温情与关爱把孩子、家长和老师的心连到了一起。我设身处地地为家长们着想,因为我知道每一个孩子的背后,都是一对殷切的父母,都是一个满怀希望的家庭。我要让每一位同学、每一位家长都变成心中有爱、心中有情的大家庭中的一员。毕业之时,孩子们纷纷在微信群中留言,怀念留恋自己难忘的高中生活。赵传昊同学说:"看着最后一位同学走出教室,我不由得开始回想过去这两年,再见,2015级中澳班,它会深深地扎根在我的记忆中,永远!"赵鑫颖同学说:"满满的,都是在十六中的回忆,今天我们完成了最后的板报,感谢相遇!"家长也纷纷对我表达了感激之情,这也让我体会到了真心交流、真情待人的脉脉温情。

毕业之时,我的全方位育人的情感教育也收获了最丰硕的果实。2017年6月30日是我们班同学在中国学习的最后一天,那天下班我走得晚,推开教室的门看到了这样暖心的一幕:桌子排列得整整齐齐,桌子上没有一丁点儿划痕;抹布依次挂在钩子上;地上放着一个大盒子,里面盛满了他们整理的没有用过的新本子;黑板上还保留着欢送会时大家的签字,偌大的刊板上竟然还给我留了张照片,那是我们班的第一张合影……看到此情此景,我的心底涌上一股暖流,感动万分,感动于离别之时,同学们给了我这么一份丰厚的"礼物",他们用自己的实际行动,默默地诠释了最真挚的师生之情!现在,他们远在遥远的澳大利亚,在节日时我还能收到他们跨越大洋的祝福与问候:"老师,现在想想被批评也是一种幸福啊,我们要好好加油,爱您,老师!"看到这些话,我心里真是有说不出的感动与自豪。

五、总结

都说班主任工作辛苦，但我却体会到了成功与快乐。我很欣慰自己能够以班主任、以导师的身份陪伴他们度过最美好、最难忘的高中生活，守护在他们身边，陪伴着他们、关心着他们、鼓励着他们，分享他们的快乐，分担他们的忧愁，在他们最需要我的时候，让我的爱春风化雨，润物无声……

相信远在大洋彼岸的中国学子们，他们忘不了的不仅仅是干净的校园、和蔼的老师，更多的是老师给予他们发自内心的关心与爱护，和那份足以鼓舞他们整个人生旅程的精神与动力！珍惜与他们的相聚，感悟他们的美好心灵，赠予他们最真挚的情感，我们也会感受为人师表的那份最珍贵的感动与幸福。

心怀敬畏，生命至上

——疫情复学后的生命教育

山东省青岛第六十六中学　王璐璐

疫情期间，我每天清晨打开手机就能看到学生们的一条条打卡视频，他们早早地坐在书桌前做好准备，开始早读。看着视频中他们面带微笑、精神饱满，我心里也踏实许多。

网课期间，我经常翻看手机里的照片，回想起往日在学校里的一点一滴。突然，心头一紧，想起教室窗台上学生们带来的那些绿植，三个月没人浇水、打理，不知道会是什么样子，心里一直惴惴不安。

终于到了五月的一天，学校允许班主任进入校园给学生们发书。发完书，我匆匆忙忙冲到教室，看着这阔别了三个多月的教室，没有学生的身影，格外安静，甚至有些落寞。我赶紧走到窗台前，看看这些被"遗忘"的绿植，走到跟前就被眼前的一幕震撼了。

三个月没有浇水，花盆里的土早已干透，有的甚至已经开裂。让我惊讶的是，那棵长寿花竟然在如此艰苦的环境下绽放出六簇美丽的花朵，那每一朵小花似乎在用它的姿态诠释着生命的渴望和力量，而花朵下面的叶子都已枯萎，原来叶子将所有的营养都输送给了枝头傲然绽放的小花。

旁边的那盆刺梅，所有的叶子也因缺水掉光了，窗台上尽是它凋落的黄叶，然而它的枝头却萌发出新的绿叶，绽放着顽强的小红花。

近旁的那盆仙人掌，"身体"已经变成了褐色，在高低参差之间，我竟然发现了两朵不起眼的小花。

窗台角落里的那颗玉龙观音，因为在阳光照射不到的角落里，最底下的叶子都已经干瘪，而最上面竟然长出了新叶。神奇的是，它竟然为了追逐阳光，自己"扭"到了能够照到阳光的一面。看着看着，泪水模糊了我的眼睛……

我想到林清玄先生曾经说过："一朵花里，就能看到宇宙的庄严，看到美，以及不屈服的意志。"眼前窗台上的这几盆小小的绿植，它们倔强的姿态、顽强的生命力让我看到了生命的不屈不挠，让我震撼感动，更让我肃然起敬。给这些花浇透了水，清理了枯叶，我拍下了一些珍贵的照片。

复学后，学生们满怀期待走进了阔别已久的校园，走进了熟悉的教室。班会时，我们致敬了疫情期间逆行而上的白衣天使、奋战在抗疫一线的各行各业工作人员和志愿者，回顾总结了疫情期间学生充实的线上学习生活。

最后，我与他们分享了疫情期间拍摄的那几张珍贵的照片，让他们仔细观察绿植的变化。我还与他们分享了一张特殊的照片，是办公室里一盆多肉植物，虽然叶子凋落在冰冷的窗台上，但它耗尽了所有的能量和营养，努力地生根发芽，完成了一次震撼人心的生命延续。我故意停了下来，看到学生全神贯注地看着照片，我想此时他们一定和曾经站在窗台前的我一样，心灵受到了震撼，精神受到了一次庄重的洗礼，一定对这些弱小到不起眼的生命敬佩不已。

除了对生命的敬畏，更重要的是生命的启迪。我和学生们讨论，大家在居家隔离的三个多月中，一部分同学出现了懒惰、懈怠、消极的状况，这是不是我们青春该有的模样？青春的姿态，就应该像这些小小的植物，面对困境依然有不屈不挠、努力绽放自己独特风采的样子，用顽强的姿态去诠释生命的价值和意义。而家长和老师，就像那颗多肉的叶子，将青春、能量、希望都传递给了孩子和学生，这就是一种生命的延续和精神的传承。我让学生们回头看看教室后面的标语——"将来的你一定会感谢现在奋斗的自己"。将来的我们一定会铭记、感激着曾经奋斗的美好青春，那此时的我们还有什么理由不奋斗，不成长，不绽放？

敬畏生命，是一种情怀，更是人一生的修炼和提升。史怀哲先生曾说："只有我们拥有对生命的敬畏之心时,世界才会在我们面前呈现出它的无限生机。"因为敬畏,我们才会倍加珍惜。

疫情期间,一切以挽救生命为重,一切为挽救生命让路。医护人员竭尽全力救治重症患者,武汉确诊的 2 500 名 80 岁以上的高龄患者中,救治成功率接近 70%,年纪最长者为 108 岁。习近平总书记从一开始就强调"始终把人民群众生命安全和身体健康放在第一位",不放弃任何一个生命,这不正是"人民至上、生命至上"理念的生动写照吗?"人民至上、生命至上",八个字铿锵有力、掷地有声,这是对生命的尊重与敬畏,更是对生命的庄严承诺,彰显出无限的人性光辉!

《庄子·天下》中有"泛爱万物,天地一体也",将"仁"拓展为"爱人利物",即要爱护自然界所有生命物质和非生命物质。敬畏生命,才能懂得珍爱生命,才能学会关怀和善待身边其他的生命。这是中华民族的传统美德,更是中华民族赖以生存和发展的精神纽带,是我们民族在大灾大难面前屹立不倒的原因所在。

班会后,我的心情久久不能平静。这是一次关于生命的对话,一次关于生命的教育,我想学生们定会懂得我的良苦用心,获得生命的力量和精神的启示;也定会倍加珍惜今天来之不易的学习生活,用他们的青春力量书写每一天,成就属于他们的精彩未来!

当班长流下委屈的眼泪

山东省青岛第六十六中学　盖庆爽

在最初当班主任时,我选了成绩很好、很热心的小雨担任班长。记得在开学初的迎新文艺汇演上,她是主持人,有歌唱表演,也有钢琴表演。她的每一次出场都赢得了阵阵掌声,也获得了全班同学的崇拜与仰慕。当时我心里特别骄傲,心想我们班的班长这么棒,相信在她的带领下我们班一定会越来越好。小雨的性格是比较开朗活泼的,在接下来和同学们的相处中,她常常和大家"打成一片"。

有一次,自习课铃声已经响了,我走进教室,同学们有说笑的、争论的、随意走动的,班级里面一片混乱。看到这个场景,我顿时很生气,组织好纪律之后我把小雨叫了出来。

我问小雨:"为什么没有及时组织好纪律?"

小雨说:"老师,我管了,但同学们不听我的。"她委屈地流下了眼泪,我相信她流泪的原因应该不仅仅是这次发生的事。

我拍了拍她的肩膀,告诉她:"老师理解你心中的委屈,不要担心,班长工作中会遇到各种难题,遇到问题时只要分析其中的原因,找到问题的根源所在就可以解决。开学以来你的热心和责任心同学们都看到了,相信只要你努力去做,一定能把这个工作做好。"

我接着问:"小雨,你觉得同学们没有听你的话原因是什么呢?"

小雨想了想说:"我想和大家成为好朋友,不想因为我是班长就和同学们有距离,所以有的时候我偶尔也会加入大家的讲话中。还有可能是因为跟我比较要好的同学在违反纪律时我没有及时去管,当其他同学违纪的时候我去管同学们就不听我的了。"

听了小雨的话,我明白了她的难处,有时候班长在开展工作时是有着这样的担忧和顾虑的,希望和同学们成为好朋友,也希望能够把工作做好,但其实两者并不冲突。

我和小雨说:"作为班长,我们首先要以身作则,先要自己做好,这样同学们才会信服。真正的朋友是会支持你的工作的,而且当同学们看到你的认真负责,看到班级井然有序时,大家也都会愿意和你成为朋友的。"

小雨擦干眼泪,点了点头说:"好的,老师,我知道该怎么做了。"

对于班里的纪律,我也找了其他同学了解情况,除了小雨所说的原因,也存在个别同学不服从班委管理,甚至在班长组织纪律时顶撞起哄的现象,我想这种现象要及时制止。

接下来,我召开了以"我心中的好班委"为主题的班会课。班会课上先让大家谈谈班委对一个班级的重要性,同学们只有认识到了班委的重要性,才能更好地支持班委的工作。接下来,让同学们谈一谈各自心中的好班委是怎样的。这时小刚同学提出了"希望班委管我们少一些,多给我们一些自由",小刚的话音刚落,教室里一阵笑声。这时我说:"还有哪位同学想谈一谈?"小铭举手,说道:"班委管我们的时候也牺牲了自己的时间,而且管理大家也是为了全班好,我觉得这样才是负责任的班委。"教室里顿时安静了,接下来的一分钟时间大家都没有讲话。安静过后,我说:"班委的工作是为班级的,但其实一个班集体是否优秀与每一位同学都息息相关,希望接下来我们班所有同学都共同努力营造良好的班级秩序,共同打造优秀的三班。当同学们认同了班委的工作后,最后的讨论环节"我们该如何支持班委的工作"也进行得很顺利。

通过这次班会课,我也体会到班级内的舆论有时候需要学生共同探讨形成,有"不同的声音"也不怕,这时尤其要突出有正义感、正直的孩子,给他们提供传播"正义之声"的机会,由他们来引导正确的舆论,当他们成为舆论的导向时,良好的班风也会渐渐形成。

在后面的工作中,我看到小雨更加认真、投入,她的公平公正、认真负责也获得了同学们理解和支持。

班级的管理离不开班主任,离不开班干部团队,更离不开全体同学。班主任及时发现问题、分析问题、解决问题,通过老师对学生的教育、学生对学生的教育以及学生的自我教育实现对班级的共同管理,促进班级良好秩序和良好氛围的形成。

他把自己的名字划掉了

山东省青岛第六十六中学　　盖庆爽

期末临近,我将所有的班委和课代表名字打印在一张纸上,每个名字后面对应四十个空格,班里共四十位同学,让全班每一位同学以"画心点赞"的方式对班委和课代表们进行评价。

我十分好奇,想看看谁会收获最多的赞。看到整张纸上每个名字后面都画了很多爱心,有的更是已经画满了,那一刻我很感动。相信这样的方式能让同学们在回顾本学期班委的工作中体会班委们的辛勤付出,同时也让班委们感受到自己的努力和付出得到了同学们的认可。

可让我感到疑惑的是学习委员的名字那一行被人用笔划掉了,但上面还画着很多的心。我当时有些不解:为什么呢?是谁划掉的?将我打印出来的名字划掉,是在挑战我的权威？难道是学习委员自己划掉的？

我把学习委员叫了出来,我问他:"名单上你名字的那一行是你自己划掉的吗？"

他说:"是的,老师。"

我吃惊地问:"为什么呢？"

"老师,这个学期我都没有为班级、为同学做什么事情,我觉得我不配出现在名单上。"

听到这些话,我有些感动,也有些自责。他为自己没有为班级、为同学做出贡献而自责,我为他的这份心所感动,也为我最初的想法而自责。

仔细想来,这个学期一些关于学习方面的工作,我都交给了另一位学习委员去做了,对他有些忽略。

我告诉他:"你值得,你看同学们都给你画了这么多心,说明大家是认可你的。有时候不是你为班级、为同学做了多少事情才会获得大家的认可,当你做好自己该做的事,成为大家学习的榜样时也会获得大家的认可。之前有些事情老师都交给小明去做了,老师也反思过了,以后也会多把一些事情交给你来做,老师也相信你能做好,好吗？"

他用力地点着头说:"好,老师我会努力把工作做好的。"

我也坚定地点头回应他:"嗯,加油！"

他回到座位时,我看到他的嘴角上扬,露出了笑容。

通过这件事,我反思了自己在班委竞选方面的工作方式,在第二学期进行班委竞选时,我先把每个班委具体要负责的工作列出来,在竞选前先让学生们了解每个职务需要做的具体工作有哪些。这样学生们可以根据自身的特点和班委职务进行竞选,在后期的工作过程中也能够更好地履行职责。

在第二学期,他继续担任了学习委员,我看到他的积极性提高了,统计作业、发卷子很积极,也很乐于为大家服务,收获了同学们更多的认可。

为了增进同学和班委之间的互爱互助、互相信任,除了"画心点赞"的方式外,我还召开了一节以"班委,我想对你说"为主题的班会活动,班会课分为两个环节。

第一个环节是谈一谈班委所做的让大家感动的事。这一环节中,同学们通过讲述一件件小事,表达着内心的感动。

"卫生委员早上为了及时到教室督促值日生打扫卫生,有时自己会不吃早餐……"

"学习委员在期中考试前会帮助大家做复习计划并写在黑板上……"

"班长虽然平时管我们时比较严肃,但生活中很幽默,经常帮助我们、和我们开玩笑……"

正能量在一件件小事的叙述中传递着,我听到这些,心里也很感动。

第二个环节是谈一谈对班委们工作的建议。大家结合实际给班委们提出了建议。经过上一个环节的表扬后,这一环节中班委们也都能虚心地接受同学们提出的建议。

德国的著名教育学家斯普朗格说过:"教育的最终目的不是传授已有的东西,而是要把人的创造力量诱导出来,将生命感、价值感唤醒。"通过这件事,我意识到在班干部的培养中,一方面需要对学生有更多的信任、更多的期待,相信自己的学生,学生一旦得到信任,他们的内在动力就会被激发,他们就会更加认真、努力、积极向上;另一方面还需要多利用班会课等机会构建同学与班委之间的良性互动,促进学生的情感表达,增强同学间的互信互爱,让这个大家庭变得更加温馨。

爱要平等

山东省青岛第六十六中学　姜雅馨

著名教育家陶行知先生说:"在立脚点要平等,与出头处争自由。放在教育实践上,就是要遵守平等原则。"何谓平等?平等就是尊重,是伦理原则上的公正,但并不是抽象意义上的平均。在教育过程中,落实平等意味着将"一视同仁"和"因材施教"进行结合。所以,这里的平等指的是学生所得到的人格上的尊重。简而言之,公平公正地对待学生,就是真正地爱学生。

故事发生在高二刚刚分班后,班主任面对全新的班级,首先要了解和认识班里的面孔。于是我带着名单和这些孩子高一时的班主任老师进行沟通,了解情况。在这个过程中,小 C 同学引起了我的注意。他是曾经让老师们头疼的学困生,上课迟到、睡觉、不听讲,与班级大群体脱离。对于如何正确引导这位同学,我的心中也没底气,但无论以前如何,进入新班后,我要抛弃旧有的印象,一视同仁。我找到了这位同学,简单地与他进行了沟通。

在沟通时,我发现他是敦厚善良的好孩子,只是因为习惯不好、自我约束力不高,才会频频出现违纪现象。同时,可能从初中开始,他就是班中令老师头疼的对象,不止一次地被老师单独教导,因此走进我办公室时有一点胆怯,还有一丝抵触。从他的语言中,我也能够感受到,来到新班级,换了新老师,他也想抛掉老师的固有印象,有个新的开始。刚好我在此前并没有教过他,于是,我对他说:"这就是一个新的开始,我对你的认识和评价,也是从我教你开始,无论以前如何。"他也像是吃了一粒定心丸,向我保证认真学习,不再违纪。

开学后的几天里,我一直观察他,发现他与班里同学相处得不错,也没有出现违规违纪现象。可能是他来到一个新的班级,知道不同的班级有不同的要求,所以刚开始在纪律上还是有所改变的。他表现不错的时候,我都是尽量表扬他。但他犯错的时候,我也一样批评他。表扬或批评他时,我从不追溯他的过去如何,而是尽量以高二学生应该怎样来努力引导他向同班同学靠拢。但由于对学习没有兴趣,他渐渐地出现了迟到、课堂上睡觉、成绩排名倒数的问题。

针对这个情况,我又找了他谈话,问他:"小 C 同学,你上一段时间表现挺好的,很多任课老师都表扬你最近进步很大。怎么这几天又不认真了呢?"小 C 同学很久都没有吭声。我又说:"是不是学习遇到困难了?"他点了点头。我说:"有什么困难你跟我说,看我能不能帮你解决。"小 C 同学才跟我说:"老师,理科很多内容我都听不懂,特别是数学和化学。其实在课堂上,我很想听课,但就是集中不了精神,有时听着听着就想睡觉。睡着睡着就不想学习了。"我又安慰他说:"你这种情况很正常,因为你的基础比较差。这样吧,你自己先在文科必考中挑选出你自己最感兴趣、上课比较听得懂的科目认真学习,其他的你能听懂多少就听多少,但是不能在课堂上睡觉。当你发现自己还可以认真学其他科目时就继续认真学习其他科目。"小 C 同学说他回去试试看。半个学期后,我发现小 C 同学改变了,不迟到,上课不睡觉了,慢慢地也能融入班级了。他在慢慢进步,虽然有些科目还是很差,但是总分还是进步了,班级排名也慢慢前进。我知道,小 C 同学已经走在追逐梦想的路上了。

苔花如米小，也学牡丹开

山东省青岛第六十六中学　姜雅馨

如果一个孩子生活在批评中，他就学会了谴责；如果一个孩子生活在鼓励中，他就学会了自信；如果一个孩子生活在认可中，他就学会了自爱。在班级中，每位学生都是一个拥有丰富个性、独特精神世界和内在感受的完整个体。特别是飞速发展的今大，教师不能总以成人的思维方式和行为规范去约束学生，也要用乐观、理解、认同的眼光对待学生们的天性和他们所表现出来的行为，要对每一位学生的发展充满信心。

小 A 是一个内向且慢性子的男孩，刚来到新班级时，默默无闻，从不主动和同学说话，走路时也常常低着头，独来独往。开始我并没有太在意，只当他是一个慢热的孩子，来到新的班级还没有和周围的同学熟悉起来。直到几天后他因为各科作业都未完成被我叫到办公室，我才发现，这个孩子可能不仅仅是内向的问题。

早自习各科课代表将各科作业收交情况报告给我时，我发现小 A 在每个课代表上交的未写作业名单中都"榜上有名"。如果说漏写一科，可能是写作业的时间不够或是一时偷懒，而所有作业都不写就是故意而为了。我压抑着内心的怒火，并安慰着自己，也许是有什么特殊情况才没有按时做作业，毕竟小 A 看上去认真而听话，不像是与老师作对的学生。于是，我耐心地询问课代表小 A 之前的表现，得到的竟然是经常不交作业、不写作业这个答案。小 A 就这样被我叫到了办公室，低着头任我对他进行了一番说教而一声没吭。这样的反应让我顿了顿口中的话语，换上了轻柔的口气，慢慢地用试探的语气询问他不写作业的原因。可无论我用什么语气、问什么问题，他依旧一声不吭，脸色通红，隐隐有汗水从脸庞滑下。我知道不能再逼他了，再聊下去他也不会回应我的话。让他回班级后，我在办公室中陷入了沉思，小 A 的独来独往不是因为慢热，而是存在沟通障碍。

从他周围同学口中得知，小 A 每天晚自习都在认真地学习，不休息也不和其他同学聊天。但由于方法不得当，总是在最后一节课下课时，也无法完成任何一科的作业。既然学习态度没有问题，那么接下来需要解决的就是他的沟通障碍了。在与小 A 妈妈沟通后，我对小 A 有了进一步的了解，他的沉默或许源自长期的孤独。父母因工作原因早出晚归，留他一人在家，他不能出门、没有朋友陪伴、无人说话，只能看书或是看电视，唯一的消遣就是做饭。当父母发现孩子的这一变化，想要改变时，发现已经无法融入孩子的世界了，只能任其发展。为了让他主动开口说话，我将他安排在班里性格开朗活泼的孩子旁边，让周围人带动他。一次语文课上，我发现了小 A 其实也有着展现自我的渴望。讲到《罗密欧与朱丽叶》这一课时，学生们以小组为单位进行课本剧排练。在分配角色时，小 A 抽到了一个台词较少但需要一人分饰多角的人物，本以为会拒绝扮演的他努力地背着台词，还主动找到我，让我给他分析人物情感。我在他的脸上第一次看到了跃跃欲试的兴奋感，这让我意外又惊喜。于是，在正式表演时，我对他的表现大大赞扬，并在之后的课堂中多次点名让他来进行朗诵或是分角色朗读。他也从开始小心翼翼、不自信的朗读变成了如今干脆利索的大声诵读。

课堂表现的改变，或多或少影响到了他的日常学习，偶尔也能看到他与同学们说笑。在与我聊天时，他也会回应我的话，并主动找一些聊天的话题。小 A 的作业虽然还是完成得不及时，但当我告诉他正确的学习方法后，他也在努力地改变自己以往的学习习惯，学习效率较之前有所提高。

小 A 的故事让我认识到，苔花如米小，也学牡丹开。无论什么样的学生，都渴望得到他人的认可。老师认可学生并给予他们展示的平台，学生在心理上就会得到满足，从而改变自己的行为。"亲其师而信其道"，在你认可学生的同时，学生也认可并欣然接受老师的教育和管理。每个学生都是有感情、有思想的人，只要付出爱心，枯草也会发芽；只要一缕阳光，他们就会灿烂。

厉行勤俭节约　弘扬时代新风
——浅谈高中学生的节约教育

山东省青岛第十六中学　兰兰

这个题目还得从开学时的一件小事说起……

开学前我们班要对整个教室进行清洁打扫,在整理书柜时,同学们翻出了不少上一届学生留下的书本,还有装订好的卷子。我仔细观察了他们的整理过程,有的同学把本子剩余的空白页撕下来,重新装订成演算本;有的同学收好签字笔放到了自己用硬纸壳制作的笔筒里;还有的同学把剩余的图钉重新按在了班级看板上留作备用;最后,他们把剩余的废纸打包好,用绳子扎好,送到了物业师傅那儿,看看能不能进行回收利用……看着干净整洁的教室,我惊讶的不仅仅是他们认真整理的行为,还有他们那份勤俭节约的质朴,于是我把这件事悄悄地记在了心里。

恰逢开学第二周,学校开展了"光盘行动"节约教育,"一粥一饭,当思来之不易;半丝半缕,恒念物力维艰"——"小餐桌"带动"大文明"。借助学校开展的这一活动,我对班级中勤俭节约的同学进行了表扬,并开展了节约教育。

首先,我与同学们交流了节约教育的想法与做法。节约教育首先是一种意识培养。要培养同学们勤俭节约的好习惯,既要强化他们的节约意识,也要帮助他们积累一定的节约方法,比如节约用水、作业本两面用、短粉笔可以套在加长杆里继续使用。只有形成意识,才能融入习惯,使节约成为一种自觉的行为。

其次,节约也是在培养学生们统筹和计划的能力。节约不是一味地节省,其更大的意义在于如何在节省的过程中利用智慧与方法,在不影响生活质量的同时获得最经济的产出,这就需要学生们运用逻辑能力和动手能力,让节约成为一种有智慧的节约。

最后,节约不仅是一种个人的良好生活习惯,也是一种体现个人素养的美德。古语有"勿以善小而不为,勿以恶小而为之"。我们每天都会遇到很多小事,培养良好的行为习惯都是从这些小事做起的。比如:要珍惜自己和别人的劳动成果,爱护家庭、他人、集体的财物;节约每一粒米,吃饭时不乱倒饭菜;节约每一度电,人走灯关;节约每一滴水,洗手后要关紧水龙头;节约每一张纸,用过的纸反面可以写草稿;爱惜书本,不乱撕书本;爱护桌椅、门窗、教学仪器和体育设备等。从每一件小事培养学生的节约习惯,进而形成一种美德,必将使其终身受益。

在进行了节约教育后,我在班级中发起了"厉行勤俭节约,弘扬时代新风"的倡议,号召同学们从身边小事做起,从自身做起,让节约行为成为班级中的新时尚。倡议如下。

(1)开展"光盘行动、从我做起"的活动,争做节约粮食的传播者、光盘行动的践行者。做到不剩菜、不剩饭,杜绝"舌尖上的浪费"。

(2)树立"浪费可耻、节约为荣""敬畏粮食、尊重劳动"的消费意识,形成正确的消费观念。珍惜资源,反对攀比和炫耀性消费。

(3)从小事做起、从自身做起,在家庭生活中践行节约意识,形成节约的好习惯。

我号召同学们自觉肩负起"厉行节约、反对浪费"的社会责任,把节约化为自觉、成为习惯,从日常生活中的一点一滴做起。节约一滴水,就是节约一畦清澈的湖泽;节约一粒粮食,就是节约一片富饶的土地;节约一度电,就是节约一座充盈的矿山。要把勤俭节约、艰苦奋斗的理念内化于心、外化于行。"俭,德之共也;侈,恶之大也。"我们要以勤俭节约创造更加美好的未来,为建设文明、和谐的校园贡献自己的力量。

2020年,习近平总书记对制止餐饮浪费行为做出了重要指示。他指出,尽管我国粮食生产连年丰收,但我们对粮食安全还是始终要有危机意识,全球新冠肺炎疫情带来的影响更是给我们敲响了警钟。当前国际形势复杂,培养勤俭节约习惯具有重要的战略意义和很强的现实意义。艰苦奋斗、勤俭节约是中华民族的传统美德,是利国利民的大事。正如习总书记所说:"不论我们国家发展到什么水平,不论人民生活改善到什么地步,艰苦奋斗、勤俭节约的思想永远不能丢。艰苦奋斗、勤俭节约,不仅是我们一路走来、发展壮大的重要保证,也是我们继往开来、再创辉煌的重要保证。"

节约教育任重道远,节约教育势在必行。节约教育应该是教育内容中一个永恒的主题。珍惜粮食、节约能源更是青年学生义不容辞的责任!我们教育工作者应当帮助学生养成节俭节约的好习惯,在学校营造浪费可耻、节约为荣的氛围;积极践行绿色生活方式,大力弘扬艰苦奋斗精神。

高中阶段爱国主义教育初探

山东省青岛第六十六中学　赵旭

高中阶段是孩子们世界观、人生观与价值观迅速形成的时期,他们在学习知识的同时还会汲取来自学校、社会的大量信息,从而建立自己的完整认知体系。热爱祖国、热爱人民是新时代社会主义接班人的必备素养,也是实现中华民族伟大复兴中国梦的重要条件。因此,老师需要引导学生形成正确的三观,并适当进行爱国主义教育的渗透,利用多种形式的活动开展爱国主义教育。青年的命运与国家的命运息息相关,时代变迁更迭,当代青年迎来了伟大的社会主义新时代。时代发展赋予青年光荣使命,青年应勇担时代重任,谱写壮丽青春诗篇。

1. 增强爱国活动仪式感

每周一早晨的升旗仪式是学校的必备活动,也是培养爱国情怀的直接方式,但这一看似平常的活动究竟在同学们的心中激起了多大的波澜呢?是否真的引发了他们的触动呢?笔者发现,少数同学在升旗的时候左顾右盼、不行注目礼。当代高中生应该明白,国旗是国家的象征,五星红旗是多么神圣。

《新时代爱国主义教育实施纲要》明确提出,青少年的爱国主义教育目标是"着眼培养担当民族复兴大任的时代新人",这为高中生的爱国主义教育提供了培养目标和指导方向。学校必须强化升旗仪式的神圣性,将爱国主义教育当作高中阶段的必修课,让爱国的种子深深扎根于学生的内心。

建军节、国庆节等节日是开展高中生爱国主义教育的难得契机,学生身处其中,参与感浓厚。学校可以组织公祭日默哀、"我为祖国唱红歌"、红旗下演讲等具有仪式感的活动,增强学生爱国的信念。

2. 丰富爱国主义教育形式

爱国教育是与时俱进的课题,随着时代的发展而不断丰富。老师可以选择不同的主题来增加班会的趣味性和新颖性,陈旧的班会形式与一成不变的说教内容无法引起同学们的兴趣。"爱国"并非空泛的主题,而是与我们的生活息息相关。弘扬优秀传统文化是爱国教育,歌颂民族英雄是爱国教育,解读社会主义核心价值观也是爱国教育。要不拘泥于班会的形式,给予爱国教育更大的发挥空间,班会课上老师是引导者,学生是参与者,可以用同学们的展示讲解代替老师的侃侃而谈。

爱国教育更可以走向室外,积极开展爱国教育社会实践。走进党史博物馆,看看中国共产党的百年征程;走进烈士陵园,感受和平背后的家国大义。多种形式的社会实践可以让学生看到历史,也看清现实,这是社会的现状,更是真实的人间。

作为一名外语教师,如何在教学中融入爱国主义教育,让学生在拥有国际视野的同时不忘家国情怀,看遍世界风景依然对祖国充满热爱是笔者一直思考的问题。因此,笔者在教学中不断寻求创新,利用多媒体辅助教学,将网络媒体中的最新成果用作课堂导入,同时强化爱国主义教育。

3. 发挥榜样力量

如果说传统的爱国教育在一定程度上缺乏创新,难以引起学生的共鸣,那么邀请优秀人士进行面对面的讲座则是有效、直接的教育方式。高中学生善于模仿、崇拜英雄,很容易被偶像所影响,利用其心理特点更容易唤起情感共鸣。

一次,一位海军上校到班里做爱国教育的讲座,上校不仅准备了精美的PPT,还带来了各种海军武器的图片和模型,以同学们感兴趣的航母、潜艇为切入点,展示了我国海军从无到有以及海军装备发展的全过程,让同学们深深意识到当今的和平是多么来之不易。我们并非生在一个和平的时代,只是生在一个和平的国家,祖国便是我们强大的后盾。讲座很成功,同学们不由自主地被主题所吸引,被内容所震撼,将自己带入光辉神圣的情景之中。笔者由此思考,当代高中学生并不是与生俱来的爱国意识淡薄,"不爱国"更不应该成为这一代人的标签,他们只是需要一种新的打开方式和培养模式。新时代下的高中阶段爱国主义教育需要加入新元素来适应这一代人的特点,而这恰恰是作为教育工作者的我们需要承担起的责任。

爱国主义始终是引领中国青年团结奋进、共绘未来的光辉旗帜。培养学生的爱国主义情感不仅仅是思政课老师的责任,更是每一位老师的使命。爱国是激昂的信念,也是理性的情感,老师要正确指导学生树立理性爱国观。爱国教育是项伟大的工程,需要一代代人在点点滴滴中循序渐进地进行,功在当下,利在千秋。

一个国家不能没有英雄,一个时代也不能没有先锋。祖国的发展一刻未停,明天必然更加光辉灿烂。爱国之情必须流淌在孩子们的血液之中,内化于心,外化于行。爱国教育是高中阶段的必修课,更是人生的必修课。

春风化雨——以德育带动智育

山东省青岛第六十六中学　赵旭

高中阶段是孩子身心快速成长的时期,这一时期他们逐步形成并确立自己的价值观,形成对于自身、社会及世界的完整认识,因此高中阶段的德育工作尤为重要,教师应引导孩子们树立正确的德育价值观。笔者将从新教师的视角探讨班级的德育工作,以求为广大教师提供借鉴与参考。

一、德育工作的重要性

教育应以"德"为先,德育在五育中处于核心地位,是青少年身心健康成长的保障,对其正确三观的形成至关重要。过去常常一味追求智育而忽视了德育,近些年来这一趋势虽有所改善,但德育工作在教学中的比重依旧不足,传统德育观念老旧、方法过时、缺乏科学性。重成绩轻品德、忽略情感教育的现象依旧存在。高中是青少年成长的黄金时期,也是关键时期,在高中阶段进行道德教育,可以帮助学生清晰自身定位,规划发展方向。同时,德育对智育也能起到激发和促进作用。这种作用在后进生的教育及后进班级的管理中效果更为突出,有助于形成德育带动智育的双赢局面。

二、提升德育能力的措施

1. 在班级管理中提升德育

学生一天中的大部分时间都在校园中度过,校园环境对学生的影响不言而喻。《劝学》有云:"蓬生麻中,不扶自直;白沙在涅,与之俱黑。"教师应营造班级、校园的德育文化氛围,如打造班级"英雄角",设立校园标兵表彰墙。同时充分发挥学生的主体性、主动性,调动其积极性,使学生参与其中,每周可以组织一次"我身边的好人好事"汇报课,邀请学生来分享见闻。学生不单单是活动的组织者,更是参与者和创造者。将话筒递给学生,听听来自学生的声音,对于教师来说也是一种学习与启发。

开展主题班会是另一项班级管理和做好德育工作的有效途径。过去的班会课更多的是教师的"一言堂",教师通过说教对学生进行灌输,且主题相对单一,而新时代背景下德育工作的内容却远不止这些。社会飞速发展,生活日新月异,我们所追求的德育也早已被赋予了新的内涵,一成不变的传统德育方式只能是被时代淘汰。雾霾问题、两性知识、中美摩擦、网络游戏等时下的热点问题都应当走进班会、走进课堂、走入学生的生活。利用最贴合学生生活的元素来教育学生,才能充分引起共鸣,唤起最真实的情感。

2. 在课堂教学中提升德育

目前,思政课是提升德育能力的主要途径与手段,学生通过思政课堂来陶冶爱国情操,提升家国情怀。但其实,各科教材中都蕴含丰富的德育元素,这一点常常被忽略,教师们在讲授知识的同时并没有充分开发教材中可利用的德育案例。数学教材中有华人数学家所取得的辉煌成果;语文课本中有古人的儒雅风骨和千古绝唱;历史故事告诉我们无数前辈一路走来筚路蓝缕;外语书籍提醒我们拥有国际视野的同时更不要忘记家国情怀,有国才有家。教师应响应时代精神的感召,调整教学任务的比重,在教学实践中潜移默化地渗透德育。扎实的学识可以帮助学生飞得更高,良好的品德却能帮助学生飞得更远。无德不足以立身,成为栋梁之材的第一步就是成为拥有正确世界观、人生观、价值观的时代少年。

叶圣陶先生曾说:"教育是什么?往简单方面说,只需一句话,就是培养良好习惯。"在课堂教学中发挥榜样的示范作用是提升德育的有效手段。过去教师们常常喜欢举国外名人的优秀案例,这种做法固然初衷很好,却难以触动学生的心灵,因此收效甚微。笔者认为,如果将例子换成中国人的鲜活事迹可以弥补瑜中之瑕,让学生体会到所有的岁月静好都是因为有人在负重前行。更可以将班级里做好事的同学、进步显著的同学立为榜样,使学生们真真切切地感受到优秀的人就在身边,从而最大限度地激发榜样的力量。

3. 在隐性教育中提升德育

老教师们常说:"你是什么样的人,你的学生就会成为什么样的人。"这句话虽有些绝对,但却不无道理。在学生的成长阶段,父母和教师是陪伴他们最久的人,也是对他们影响最大的人。父母和教师的一言一行都在以"润物无声"的方式影响着他们,教师的一个微笑可能会给学生带来一天的好心情,父母的一句责骂也许就毁了一个孩子的梦想。从进入校园的那一刻起,教师从事的所有活动都是教育活动;从孩子迈入家门的那一刻起,家长的行为就是家庭教育的一部分,也许父母和教师并没有意识到,但孩子却有所体会。教师和家长要合力打造家校德育平台,为孩子的道德教育全程保驾护航。

表扬可以放大学生的长处,化解短处。有的学生可以自我发现,而有的学生则需要教师来发现他们的闪光点,给予他们展示的平台,家长亦是如此。教师先行示范,引导家长躬身入局,联手打造家校合作之路。良性的师生互动、和谐的亲子关系是德育工作的重要保障,当孩子受到表扬,感受到善意后就会引起触动,激发思考,做出改变,一点一滴的成长就在此刻发生。

青少年是民族的未来,国家的希望,少年强则国强,少年智则国智。任何人工制造的产品随着时间的推移都会陈旧、过时,只有教育薪火相传,青春永驻。教育这项伟大的工程不能一蹴而就,而是由一场场普通的班会、一次次真诚的谈心、一堂堂生动的课程所积累起来的。作为青年教师的我们,教育之路刚刚起步,也许高中的三年只是我们漫长工作的一个片段,却是很多孩子宝贵的青春。吾辈须兢兢业业,尽职尽责,捍卫教育事业的使命与荣光。

"'信'中国"主题班会

山东省青岛第十六中学　兰兰

【授课教师】	山东省青岛第十六中学　兰兰
【授课班级】	高一年级书法班
【班会主题】	"信"中国
【主题分析】	"'信'中国"这个班会主题代表传统意义的书信和书信中所蕴含的民族信仰这两层含义,在班会中会得到一个完美的诠释。从个人发展到国家责任,从古代尊崇到发扬创新,只要精神不丢、信仰不丢,年轻一代就能够承担起历史赋予的神圣责任,人生就会有意义,祖国的明天才会更加辉煌!

续表

【设计背景】	本堂班会课有三个层次的背景:文化背景、教育背景、学情背景。 **1. 文化背景** "信"的第一层含义是书信,它代表着中国悠久的传统文化。那些情真意切的书信,传递着情真意切的意义,它们或是轻言细语,温情满满,或是激昂文字,挥斥方遒。本节班会课将以书信为载体,向同学们呈现不同时期、不同人物的家书,展示不同时代中国人民的精神世界与民族精神。 **2. 教育背景** "信"的第二层含义是信仰,它是中华民族战胜困难、不断前进的不竭动力,它代表中国人民同仇敌忾、共御外侮的精神力量,是中国人民争取民族独立、维护世界和平的勇气与渴望。 **3. 学情背景** 本次班会的对象是我校书法班的学生,他们都是研究书法艺术、传承中华文明的青年一代。因此,对他们进行爱国主义教育就显得特别重要。坚守古法,方显中华传统魅力;守正创新,尽显年轻一代青春本色。 基于以上三个背景,我决定召开一堂题为"'信'中国"的主题班会,愿学生们能以崇高的民族信仰、不屈的民族精神,书写奋斗青春,共筑世界和平!
【教育目标】	**1. 追忆与感受** 通过展示抗战时期的红色家书,让学生感受战争岁月中的民族精神。 **2. 继承与发扬** 通过展示和平时期的卫国家书,让学生理解和平年代的民族精神。 **3. 传承与创新** 通过学生讨论,让他们理解不同时期家书所蕴含的爱国主题,以此来激发他们的奋斗精神与爱国情怀。
【班会准备】	学生分组,搜集不同时期、不同人物的家书资料、图片音频,完成课件制作和视频剪辑。 准备现场书法使用的笔墨纸砚。
【班会形式】	教师讲授法、小组讨论法、课堂展示法。
【设计思路】	本节课以家书为载体,从三个环节完成对民族精神的解读,分别是追忆、继承和发扬。这三个环节由古至今,层层深入,完成了民族精神在不同时代的延伸。同时,也贯穿了创业者、守国者、传承者这三组人群在不同时代民族气节的传承。两条线索一明一暗,张弛有致,实现了民族精神在新时代的完美呈现。

【班会流程】	**一、导入** 一名同学朗诵唐代杜甫的名诗《春望》,请同学们解释这首诗并感受"烽火连三月,家书抵万金"这句话的含义。 也可用抗日战争题材的影视作品导入。 【设计意图】以古代诗歌导入会唤起同学们对战争与家国、个人抱负与民族信仰的思考,从而引入本节课的主题。同时"家书抵万金"这句千古名言让学生们理解战争时期一封平安家书的可贵。在这一环节,字面意义的书信与隐含意义的信仰完美结合,从而引出本节班会的主题——"信"中国。 **二、讲述** 讲述部分共分为三个主题。 **主题一:追忆** 同学们展示小组合作搜集的红色家书。其中包括赵一曼在狱中写给儿子的遗书、黄继光在朝鲜战场上写给母亲的信、江竹筠在渣滓洞中的托孤信等等,感受红色家书带给他们的心灵上的震撼。 教师请学生们聆听《史砚芬烈士写给弟弟妹妹的诀别信》,鼓励学生思考什么是抗战时期的民族精神。 聆听完这封抗日英雄的家书后,同学们分享答案:抗战时期的民族精神,就是千千万万中华儿女共御外侮、浴血奋战的不屈精神和"誓与山河共存亡"的坚定决心,爱国主义就是抗战时期民族精神的核心。 【设计意图】重读抗战红色家书带给学生们的不仅仅是心灵的启迪与震撼,更多的是引起他们对家与国、战争与和平的思考,引导他们总结出以爱国主义为核心的民族精神。这一环节会引出第一个主题——追忆,同时展现了抗战英雄的民族精神与气节。 **主题二:继承** 教师展示一组知识小问答:你所知道的经典教子家书——《傅雷家书》,检测同学们对这本书的了解。 学生分组介绍《傅雷家书》的相关知识,并朗读《傅雷家书》中关于修身与爱国的章节片段,感受在和平年代民族精神发生了怎样的变化。聆听后,同学们总结出以爱国主义为核心的民族精神成了和平发展时期民族精神的主旋律,它鼓舞中国人民坚守职责、开拓进取、奋勇争先,为了开创中国特色社会主义事业而不懈努力。 教师鼓励同学们举出和平年代体现民族精神的家书,例如有着54年党龄的老党员曹扬成的家书、疫情期间的抗疫家书,并与同学们分享感受。 【设计意图】以著名的育子家书引导同学们总结出以自强奋斗为

	核心的民族精神,它是激励一个民族奋发图强、振兴祖国的强大精神动力,从而引出第二个主题——继承,同时也展现了建设者们的民族精神与气节。 **主题三:弘扬** 教师提出问题:作为新时代的青年学生,我们应当如何继承和发扬民族精神?希望你从下列两封信中寻找答案。一封信是《习近平总书记致全国青联十二届全委会和全国学联二十六大的贺信》,另一封是北京师范大学书法班优秀毕业学生张义苗写给母校的一封信。 学生朗读两封信,大家交流分享:作为新一代青年,我们应该做什么?我们应该以怎样的方式来践行与发扬民族精神? 作为一名民族精神的传承者我们应该…… 做好当下:要用一种坚定执着、团结拼搏的精神来心学习,珍惜韶华,勇做新时代的奋进者。 展望未来:如果每一个人都做到了奋斗与奉献,那么我们就一定会建立一个无惧艰难、辉煌如虹的时代。 从个人发展到国家责任,从古代尊崇到未来传承,在同学们的讨论声中,民族精神被赋予新的时代含义,焕发出新的生机。 【设计意图】本环节完成了民族精神从古代到现代的跨越,从他人榜样到自身实践的落地,它让同学们体会到为国家、为社会、为人民所承担的时代责任与光荣使命,要为实现中华民族伟大复兴而努力奋斗,从而引出最后一个主题——弘扬,同时展现了未来一代——传承者的民族精神与气节。 三、总结 1.学生齐诵《少年中国说》 (书法作品展示) 2.请同学们写一封《跨越时空的回信——写给10年后的自己》 【设计意图】借助梁启超的这首壮美诗篇,同学们深情而饱满的朗诵会让他们对民族气节和家国情怀拥有最深刻、最鲜活的理解,从气势上充满前进的力量。在写给自己的信中,他们会在追思与感受、希望与传承中树立新的目标、新的追求! 教师结束语: 书信湛湛,雨露阳光;家风浩荡,流韵深长。回味这些历史上的家书,焕然而生的是仁厚家法之风、忠良报国之恩。正是这样的一封封书信,成就了中华民族五千年的璀璨文化;正是这样的一封封书信,流淌着中国人民的家国情怀;正是这样的一封封书信,传承了中华民族的民族信念。 2020年是中国人民抗日战争暨世界反法西斯战争胜利75周年。
【班会流程】	

【班会流程】	从 1945 年到 2020 年,75 年间,我们的国家发生了翻天覆地的变化,开启了凤凰涅槃、浴火重生的新征程。今天我们纪念抗日战争的胜利,更应该铭记和传承的是中国人民万众一心的凝聚力和气势磅礴的民族精神。 　　前事不忘,后事之师,我们牢记历史并不是要延续仇恨,而是要以史为鉴,面向未来。今天和平与发展已经成为时代的主题,但世界仍很不太平,外部环境暗流涌动。每一名中华儿女都应当继承起英雄前辈们用鲜血和生命铸就的民族精神,以时不我待的紧迫感勤勉学习,为实现中华民族伟大复兴的中国梦而努力奋斗,我想这应当是我们纪念抗日战争胜利 75 周年的应有之义吧。
【班会效果】	整堂班会在追忆民族精神、继承民族精神、感受民族精神这三个环节中,完成了对创业者、守国者、传承者这三组人群在不同时代民族气节传承的情感暗线的连接,两条主线形成了一个完美的闭环,让学生拥有了对家国情怀最鲜活、最生动的理解,鼓舞着每一位同学在坚守中奋斗起青春,成就梦想。 　　民族精神一直是纪念中国人民抗日战争暨世界反法西斯战争胜利背景下的一个教育热点,本班会以家书这种特殊形式为叙事载体,通过追忆、继承、发扬这三个环节,环环相扣,把看似遥远高大的民族精神逐步拉进学生的实际生活,达到了知情意行的教育境界。此外,本节班会还突出了学校翰墨传韵的书法办学特色,既对学生进行了传统文明的教育,又给予了他们民族精神与家国情怀的力量,同时,还完成了学校教育品牌的树立。学生在自我的感悟与激励中完成对民族精神和家国情怀的升华,在继承中创新、在创新中传承,相信每一位同学在这节班会之后都能够心怀梦想,以奋斗的家国精神,唱出青春最美的赞歌,实现属于自己的中国梦,实现整个中华民族的伟大复兴!

线上升旗　升起希望

山东省青岛第六十六中学　高婷

　　从小到大,我们参加过无数次升旗仪式:学校里每周一的升旗仪式、运动会上的升旗仪式、广场上的升旗仪式……还有 2020 年春天的线上升旗仪式。这次升旗仪式不仅仅有爱国主义教育内涵,还是一次表决心、立目标、燃斗志的动员仪式。

在学校启动网课直播后,我做了一个班级问卷调查。大家普遍反映,直播课让他们更有课堂的归属感,感觉离老师、离课堂更近了,好像又回到了和同学们在教室里学习的时候。我开始思考,是否可以利用班级的直播群开展其他活动,让我们再近一些呢?

2020年4月19日晚上十一点多,临睡前我的脑袋里突然蹦出来一个好主意。第二天是周一,不如我们就来一场线上升旗仪式吧!灵感一旦点燃,行动立马跟进!

一、筹备:主动 + 行动

我从来没有独立筹划过升旗仪式,心里多少还是会忐忑。为了能取得比较好的效果,我从网上找来其他线上升旗活动的文字报道、图片和视频材料,结合本校升旗仪式的步骤,化繁为简,保留了最主要的三个步骤:升国旗,唱国歌;国旗下演讲;总结。这三个步骤既保持了升旗必有的庄严仪式感,又能通过演讲内容在一周的开始为同学们打气鼓劲。

我找到有国歌伴唱的升旗视频,考虑到之前直播课在线视频播放卡顿的问题,我将视频下载到电脑,反复试播,确认无误后进行演讲稿的准备。

此时,离预期的线上升旗仪式只有六个小时的时间了……生物钟使我哈欠连天。演讲稿到底定个什么主题呢?太大太空,学生听了没感觉;太过白话,又不太适合严肃的升旗仪式。既然开始做,我就想把它做好,做得像模像样!那就由我来给大家打个样儿吧!我翻找出几篇很好的公众号推送,结合疫情,确定了"生命的维度"这个话题。诚然,在这个特殊的假期里,我们感受了相互扶持的生命温度、大爱无疆的生命宽度、勇往直前的生命深度、健康为基的生命长度,我们更要在有限的生命里不断去提升自己生命的高度,成为具有健全人格和扎实学识的当代青年。

二、实施:激动 + 感动

2020年4月20日早上六点刚过,我就端坐在电脑前复习升旗仪式的全过程。

我掐着表,发布公告:早自习后请各位同学迅速回到班级群,参加班级升旗仪式。再掐表,等学生们早自习结束。七点四十五,准时开始直播……

"大家早上好,今天是 2020 年 4 月 20 日,现在进行咱们班的线上升旗仪式……"

我选取的背景照片是 2020 年 4 月 15 日高三复课后升旗仪式的场景。熟悉的地点,我们之间现在却隔了不寻常的距离。看着照片中的学校领导和高三老师们,我很激动,我的声音变得有些颤抖。在这之前,我经过层层申报回过一次学校。看着校园里的一草一木,到处都有我们一起的印记。我对学生讲过那时的感受:没来由的,心倏地空了一下,像是被轻轻捏住。

"进行第一项:升国旗,唱国歌。请全体同学起立!"

鲜艳的五星红旗伴着雄壮的国歌在天安门背景中缓缓升起。红旗猎猎,歌声铿锵。这一次升旗着实让我难忘。和平年代,我们远离炮火与战争。2020年疫情,我们居家隔离,全国共进退。驰援武汉的医疗团队、勇挑担当的无双国士、甘愿奉献的志愿社工……哪有什么岁月静好,不过是有人为我们负重前行!是这些平凡又非凡的人们,让我们的国旗更加鲜艳,让我们的民族更加团结!升起来的不仅是国旗,更是我们众志成城的决心!

"接下来进行第二项,由我为大家做国旗下演讲。"

直播间里很安静,没有点赞,也没有人离开,就像是一次寻常的班会,我在讲,同学们在听。我放慢语速,希望能将每个字都传递到孩子的耳中,还有心中。在演讲最后,我为同学们打气:你心中一定有个或大或小的梦想,请你带着梦想,为了它的光,勇敢去面对困难!没有人可以叫醒一个装睡的人,昏睡的人无法实现梦想,只有清醒的人才能追赶前路的光。

"下面进行最后一项,请同学谈谈参加本次升旗仪式的感想。"

本来我想简单总结几句,可如果这样的话,今天的三个环节都是我的"独角戏"了,直播的互动效应也很难体现,学生的代入感也没有那么强了。于是我就请班长与我连麦。班长表示这种升旗仪式的形式很好,可以提醒同学们新的一周开始了,这是一个新的起点,大家要继续努力。

"本次线上升旗仪式到此结束!请同学们在接下来的学习中加油、努力!"

三、反思:触动 + 心动

升旗仪式是学校教育中爱国主义教育和集体主义教育的重要手段。疫情时期,我们见过了那么多感人至深的动情时刻,对于国家和集体的热爱有了全新的认知。通过升旗仪式,我们可以将这些情感进行归纳、沉淀,转化为奋进的动力，成为努力的方向。这也是我举办线上升旗仪式的初衷。疫情期间，在这前所未有的超长假期里，学生们需要通过升旗这种最具仪式感的过程坚定内心，坚定对国家的民族认同感。

第一次线上升旗仪式用时 10 分 39 秒。我请家长们帮忙记录下孩子参加升旗仪式的场景。看着学生们面对电脑屏幕肃穆的样子，看着内高班的学生在教室里注视国旗同唱国歌的样子，我感觉虽然空间有隔，但我们的心还是在一起！这样的感受比以往都更加强烈。我能清楚地感受到学生们给予我的信任，让我有勇气勇敢地带着大家向前冲，也让我有了动力变得更好，才不辜负这满腔的热爱与执着。

四、后续：生动 + 推动

从 2020 年 4 月 20 日到 5 月 20 日复课，整整四个周，我们班的线上升旗仪式未有同学缺席。从第二周开始，升旗仪式的主持人和演讲者从班长到团支书，再到学习委员，仪式有条不紊地推进。班委们有默契地带领同学们进行每周例行的升旗仪式，简短却隆重。我则默默地退到幕后，推动他们向前，引导班级公众号对线上升旗仪式进行及时报道，让更多的人看到朝气蓬勃的我们！

让我印象深刻的是最后一次线上升旗仪式。2020 年 5 月 18 日，我在上班路上，用手机观看学习委员组织的线上升旗直播，还以"特邀嘉宾"的身份与大家连线。车上喧闹，我躲进了街边的便利店，在那小小的一隅，跟我最亲爱的学生们分享即将复课的心情。我挺激动，学生们对于我这样的亮相登场也感觉新鲜。最后一个月的固定升旗使网课到复课能够自然过渡。学生们找回了正常的学习节奏，因复课而悸动的心也得到了安抚。

英国诗人塞缪尔·约翰逊说过："最明亮的欢乐火焰大概都是由意外的火花点燃的。"我很庆幸，没有因为惰性让闪光的念头熄灭，也没有因为困难让想做的事停滞。还好我没放弃，也感谢孩子们给我的信任与支持，还有这万能的信息时代让好多不可能变成了可能！我们也许错过了这一次的春回大地，但我们不会错失这一季彼此的成长！

线上升旗，升起的不仅仅有对祖国的热爱，还有我们的梦想和希望……

慧施：

探寻德育
实施路径

公约化管理之我见

山东省青岛西海岸新区胶南第一高级中学　李明强

公约化管理的班级中,学生的参与意识、自律意识更强,但需要老师合理的引导和正确的管理。学生要有较高的主人翁精神,为班级各司其职。良好的班集体要有民主合作精神,充满凝聚力,有正气,求实进取,要充分发挥正确的舆论导向作用,完善班级制度,培养集体荣誉感和建立完善的评价机制。

自主化管理也就是公约化管理。刚开学时跑操的人总是不齐,学生总是有各种理由,我就隔几天查一查,因为有打扫卫生的同学,查的时候也不好查,经常影响下一节上课。因此,我让请假的同学不跑操但要站操,但收效甚微。我想不到好的办法,于是找到班委让他们想想办法,他们提出了生病的同学可以找打扫卫生的同学替着跑操,因为打扫卫生的活并不累,生病的同学也可以干。我觉得这个办法挺好,就让班长组织全班同学在班会的时候讨论一下,结果表决全票通过,并规定了如果生病的同学找到谁,没有特殊情况必须去替着跑操,任何人不得推辞。这个方法施行了一个周,有优点也有缺点,优点是跑操人数明显增加,缺点是生病的同学想找人替的时候别人偷懒不想替。因此,我又强力介入,除了强调这个制度运行起来大家都受益之外,又在班会上公开批评那些不愿意替别人的同学,一段时间之后这样的问题再也没出现过。

学生迟到、自习课外出一直是个问题,每次发现每次批评,批评的话语学生几乎都快学会了,可还是屡禁不止。于是我再一次让学生自己讨论达成共识,结合学生讨论的结果,我提议以宿舍为单位评选优秀宿舍。我把其他班级的扣分细则在班里展示了一下让他们借鉴,他们形成了一份自己的扣分细则,不仅把迟到、外出写了进去,还把教室纪律、宿舍纪律等能够影响学习的因素都考虑了进去。试行了三个周,我发现细则在各个方面都有了意想不到的效果,积极效应明显。平时的记录主要靠值日班长,但有一天我桌子上多了一张纸,反映的是个别值日班长的包庇情况,希望我公平公正地评选优秀宿舍。从这件事上来看,学生很重视最终的结果。结合期中考试成绩,我们评选出了第一期的两个优秀宿舍,给他们发了奖状并将宿舍合影贴在宣传栏。一些同学提出扣分的分值比重不是很合理。结合试行情况,我又让班长开了一个讨论会,最终他们达成的共识是重视过程,降低考试成绩的比重。理由是他们可以努力地去做好过程,但结果他们控制不了,他们想要的是自己认真付出就可以得到的结果,而考试成绩有时反映得并不那么明显。我认为这很好,从整个班级来看,常规纪律好了一定会在成绩上有体现,我期待着在下一期的评选过程中学生能够做得更好。

学生的宿舍是我们的第二战场,如果宿舍能够安定团结、守时守纪,那么学生的成绩也不用担心。2320宿舍的约定是每天两个人打四壶水,保证宿舍的饮水充足。2318宿舍有部分同学中午想学习,但有的同学想睡觉,他们的约定是十二点四十五分之后必须睡觉。双方都得到了尊重,大家在一个屋檐下相处得很融洽。从这件事来看,班主任的"松手"让他们有机会在共识下生活,这是最有效的措施。

今后我还想在学生之间尝试一下结对帮扶,促进他们的学习;大型考试前组织学生讨论复习计划和应考的注意事项,形成他们的共识,形成好的应考思路。这比我自己在班会唱主角效果要好,这也是对他们进行公约化管理的一种方式。

班风、舍风一经形成便成为一种强大而又无形的约束力,影响着班级、宿舍中每个成员,同时又对全班学生起着熏陶感染、潜移默化的作用,推动着班集体的积极向上。在公约化管理过程中,班主任无论何时都要注意加强引导,随时与班干部交流,发现情况及时纠正,防止事态扩大,也避免不良班风、舍风的反弹。

公约化管理最大的特点是"自主",即在教师的引导、教育和管理下,学生自己负责处理班级事务。这样不但把教师从繁重的班级管理中解放出来,让教师可以更好地进行教学工作和个人发展,而且充分发挥了学生的主动性和积极性,为学生一生的发展奠定了良好的基础。教师要成为公约化管理的合作者、参与者,在学生遇到问题时,成为学生的引领者。或许管理的最高境界,恰恰是看不到管理。看不到管理,并非没有管理,本质上是一种积极管理。

找准效率渗透切入点

青岛市西海岸新区胶南第一高级中学　李明强

　　学习效率的高低，影响人生的每个阶段。学生时代，学习效率的高低主要对学习成绩产生影响。当一个人进入社会之后，还要在工作中不断学习新的知识和技能，或者高效率地完成某项工作。这时候，效率的高低则会影响他的工作业绩，继而影响事业和前途。因此，我们要给学生渗透提高效率的重要性，督促他们养成好习惯。

　　效率是做好工作的灵魂，也是学生学好知识的法宝。有些学生看上去很用功，可成绩总是不理想，原因之一就是学习效率太低，应该课堂掌握的却需要课下去弥补。提高效率不能仅仅停留在口头上，我一直在思考用什么方法能够让学生深刻认识到效率的重要性。

　　上学期我们级部进行广播操比赛，每队有多少人、间隔多大、怎么跑步入场到指定位置、喊什么口号、到达后怎么根据指令迅速展开体操队形都需要演练。可是每次轮到我们班上体育课就下雨，看到其他班级都已经进行了演练，我们心里十分着急！实在等不到体育课演练的机会了，体委跟我商量在比赛的前一天用自习课去演练，可是人算不如天算，还是下雨了。课间我对学生们说："咱们广播操什么也没练，我们不能给自己丢脸。""老师，那我们怎么办？""我觉得可以从下去站队到开始的时间操练一下。""那点时间不够吧！""能不能行，我们试一下，我们要相信自己！"学生回答的声音稀稀拉拉，明显不自信。我继续给他们打气："不管你们有没有信心，按照我和体委的要求去做，一定没问题。"当要参加比赛的那节课铃声一响，体委带着同学冲向了操场。在其他班级懒懒散散走向操场的时候，我们已经开始了演练。当他们站队、说闲话的时候，我们已经演练了两遍，位置、流程、队形都已掌握。带着这饱满的气势，我们顺利地完成了比赛，本以为会垫底的我们出乎意料地在二十个班级中夺得第四名的好成绩。

　　同学们兴奋地谈论着刚才的比赛，走回了教室。"同学们对这个比赛结果意外不意外？""意外！""太意外了！"同学们叽叽喳喳地表达着自己的兴奋与意外。看到这样的结果我也是窃喜！之前就想给孩子们讲提高效率的班会课，但是苦于没有好的事例，一直没有实现。今天的案例我可不能错过，趁着这股热乎劲，我召开了小班会。"同学们想一想是什么原因让我们在没有提早排练的被动情况下取得这个好成绩？""态度端正，做得认真。""对，这是原因之一，但我认为这不是最重要的。"我接着对他们进行启发。"比赛之前我们高效利用时间进行了排练。""对，同学们想一想，同样是站队，同样是比赛，为什么我们会有时间演练？""因为我们想着要提高站队效率，留出时间去演练。""没错，我们心中想着效率，积极利用时间演练了两遍，才取得了理想的成绩，也让我们把那两节体育课的时间给节省下来了，同学们想想若我们的学习也是这样，会不会也取得意料之外也是意料之中的惊喜呢？"同学们异口同声地回答："会！""那我们就这么做吧！时时刻刻想着用什么方式可以提高学习效率，并把它运用起来，你就是那个了不起的、别人羡慕的学霸，加油！你还可以用你节省的时间去干自己喜欢的事情。"

这次广播操比赛让孩子们认识到了效率的重要性，我也不断通过小事例加以引导，学生们课堂上变得认真，不再懒散。在高一的期末考试中，原本基础薄弱、组合也不占优势的 112 班考取了全级部第一名。这是对孩子们的奖励，也是对他们坚持高效学习的认可。

王金战老师经常跟他的学生强调：你可以长时间不学习，但是你学习的每分每秒都必须是高效的。让学生通过各种身边的小事，尝到效率的甜头，认识到效率的重要性，他们就会不自觉地学着、想着、用着提高效率的方式。这次广播操比赛的成绩不重要，重要的是让他们愿意去改变，试着去提高。孩子们加油！

评价有温度，未来更可期

山东省青岛第六十六中学　盖庆爽

教育家第斯多惠曾说过："教学艺术的本质不在于传授本领，而在于激励、唤醒和鼓舞。"在学校里，教师给予学生的评价会对学生产生深远的影响。讽刺性评价会挫伤学生的积极性，使学生意志消沉，精神萎靡，丧失信心，一蹶不振；而激励性评价则会让学生意气风发，斗志昂扬，精神倍增。

一句话也许就能帮助学生养成一种习惯。这个学期我新接了7班。上课的第一天，当我走进教室时，先映入眼帘的是教室后面的书橱，干净又整洁，摆满了绿植。随后我就在班里说："大家向后转，咱们班的书橱干净又整洁，橱子上面的绿植充满了活力，希望咱们班的教室能一直这样保持下去。"自那以后很长一段时间，每次我来上课时看到的都和第一节课一样，书橱一直保持整洁。表扬的话语也许只是短短一句，但可以在很长一段时间内产生影响。

先看到学生身上的优点，再给学生提出意见建议，学生可能会更乐于接受。在学完第一章《物质的量》的内容时，2班的小董同学制作了全章知识网络图拿给我看，字迹工整、内容细致，而且使用了不同颜色的笔标注，我看到后感到十分欣喜，大大地表扬了他，并且在全班和邻班都展示了他制作的全章知识网络图，同学都向他投去羡慕的目光。接下来他把每一章都进行了整章的知识梳理，制作知识网络图，一直坚持，每一次整理完都会拿来给我看，我也都会先表扬，肯定他的认真、细心和坚持。

学期末临近放假时，他来到我的办公室。看到他并不是很开心，我问他怎么了，他说："老师，我期末考试考得不理想。"想到他平时那么认真和努力，我说："你梳理的每章的知识网络图特别好，非常全面也很细致，但要真正掌握这些知识，不仅要能够梳理出来，能够说出来、讲出来，更要多练习并及时总结解题的方法和思路。"他认真地点头说："好的，谢谢老师。"这个学期开学后我也看到了他的变化，他经常来找我问问题。我看到厚厚的参考书上留下了他的诸多笔记，看得出他做了很多的题目，相信他这个学期一定会有更大的进步。

批评在前，表扬在后，也会有不错的成效。有一次我讲章末的练习题时，提问了一位男同学，他站起来有些不悦地说："我不会。"我说："你可以说说你对这个题是怎么理解的。"他还是说："我不会。"我当时有些生气，在全班同学面前批评了他。下了课后我找到他说："这个是我们已经学过了的内容，每节课讲完一个内容后，我都会问大家有没有不懂的地方。但你既没有问老师或同学，也没有课下及时解决，站起来只说'我不会'，老师觉得你这样是对自己不负责，希望下次你能够将不懂、不会的问题及时解决。"他点了点头说："好的。"到了下一节化学课，我看到他的学习状态变了，变得听课认真，也在记笔记，我感到十分欣慰。有时候我们批评了学生，也需要再把他拉回来，这就是教育的过程,最终的目的是帮助、引导、改变学生。

通过这几件事,我觉得不管是对学生的激励性评价,还是对学生的贬抑性评价,教师都要以教育学生为根本目的,让学生从内心深处感受到教师是在关心、爱护、教育、帮助自己,这样才能起到更好的教育效果。同时,教师对学生的评价应该从多方面着手,不仅仅是评价学生的学习情况,也要关注学生思想品德、劳动、艺术素养、团结协作和勤奋刻苦程度等方面的表现。

评价是一门学问,也是一种艺术。当我们对学生的评价有了温度,便会看到学生不断的成长和进步,未来也就更加充满期待。

做互联云端有心人
——浅议班级微信公众号在德育建设中的作用

山东省青岛第六十六中学　高婷

当多媒体走进高中教育,流媒体融入高中课堂,STEAM 课程成为高中教研方向……教师和学生体会到的是技术带来的便捷和趣味性。这些优势不仅体现在课程教学上,在课程之外也发挥了重要作用。现代信息技术与教育融合成了当下时代性最强的风向标,使教师在智育和德育工作中有了更多的选择,也给了学生更多的发展可能。

微信公众号作为新媒体时代的重要标志,在日常生活中扮演了重要角色,从企业组织到个人用户,以微信公众号为代表的自媒体时代随之到来。公众号读者们通过短、频、快的海报式报道获取信息,也能通过对同一公众号的关注形成相对固定的圈子,具有聚集快、目标准、传播广的特点。在德育建设中借力微信公众号,既能迎合全媒体的时代潮流,也能进一步将信息技术与教育融合,通过社交媒体平台吸引学生,拉近师生距离,达到"立德树人"育人目标。本文以班级公众号"Big Ten"为例,通过具体实例和切身体会来简要说明如何通过班级微信公众号正面影响班级的德育建设。

一、班级德育建设的重要意义

德育是贯穿素质教育的一条主线，不仅要培养学生爱国、爱党、爱人民的深厚情感，还要培养学生自信、自律、自强、自尊、有爱心、有责任等多方面的素质，这样才能真正践行"立德树人"的根本任务。学生是接受德育的主体，更是强化德育氛围的主体。班级德育氛围建设是规范学生德育行为的重要阵地，好的班级德育氛围能够让教师的德育工作更加顺畅地实施，学生也能感受到集体的合力和凝聚力，从而巩固个体德育的成果。

在新班集体组建伊始，班主任要通过军训、运动会等集体活动，掌握学生个体特点，抓住关键时机，强调集体观念，树立集体意识，让学生体会到个体只有在集体的进步中才能不断发展，集体也只有在个体发展的前提下才能整体前进。

本文所讨论的班级由青岛本地学生和内高班的学生组成，不仅有常规高中生的德育要求，还有民族融合、促进民族团结的要求。这对班主任德育工作的实施提出了新要求，不能依旧"照本宣科"，而是要打开眼界，尝试新技术。

二、班级德育建设的几类尝试

针对不同于以往的学情，单一的传统德育方式已经不能满足，因此笔者在班主任德育工作实施过程中尝试了不同的德育建设方式。

1. 主题班会——统一班级德育信念

高一新生开学后的主题班会是统一班级德育信念的重要时机。班主任利用主题班会为新班级成员奠定学期德育发展总基调，即"我们都爱我的班"的发展愿景。班主任将自己的德育信念传达给学生，使其明确要建立什么样的班级，并将个人的发展与集体发展结合起来，始终为实现这一德育目标而努力。

2. 班级日志——营造班级德育氛围

班级日志是学生记录班级一日动态的手册，就像是班集体的日记本，每个学生轮流记录。班级日志分为一日常规记录（出勤、值日清扫、作业上交、仪容仪表、自习纪律、课堂表现）和一日特别记录（今日亮点、自我感想、教师建议）。由学生填写完毕后，班主任次日查看，通过文字方式与学生进行对话，交流心得。

通过班级日志，班主任可以及时了解班级一日表现和学生对于班级的感受和想法,也能从中及时发现班级的小问题。学生看到班主任的认真点评,自然而然也能激发起对于集体的认同感、对于班主任的信任感,从而潜移默化地营造班级的德育氛围。

3. 分散谈话——调整班级德育方向

与学生进行分散谈话,与主题班会时的集中讨论不同,可以具体了解学生所想,了解学生对班级近期发展的看法和自身发展的困惑,从而因材施教,有的放矢,既能拉近与学生的距离,也能掌握不同学生对于班级德育发展的认知,有助于进一步调整德育目标和方向。

4. 微信公众号——开辟班级德育新阵地

班级微信公众号的创立是时代特点在班级德育工作中的具体体现,既能满足学生和家长对于班级发展信息了解的需要,也能发挥个别学生在文字编辑和信息技术操作方面的专长,同时能很好地起到宣传班级的作用,增强了每一位学生对于班级的认同感和集体的向心力。在疫情网课期间,班级里的内高班同学和青岛本地同学在公众号上进行线上互动,新疆返青同学的"隔离日记"也使人动容。点点滴滴不仅体现了民族间的融合,更能体现学生之间的友爱和温暖。这区别于线下传统的德育建设方式,在线上偌大的网络空间里开辟出独具班级特色的德育发展新阵地。

三、班级德育建设与微信公众号结合的具体实践

1. 萌芽构想阶段——开辟德育新阵地

从开学军训到高一秋季运动会,一个月的时间,师生之间有了比较全面的了解。在运动会中,家委会主动为班级提供服务,学生们拼尽全力为班级争得荣誉,班级的发展愿景得到了认同,班级凝聚力初步形成。

绝大多数学生都是第一次住校独立生活,班主任也无法把一周的方方面面都与家长交流。除了微信群里的沟通,微信公众号不仅能够第一时间向订阅者推送信息,还能锻炼学生的写作和信息技术应用能力。

打造班级微信公众号,初步构想为:在学生中整合一支具有文字创作能力、摄影能力、编辑能力、信息技术应用能力的队伍,兼顾青岛本地学生和内高班学生,独立创作,定期进行推送,传达班级信息,形成班级特色,贯彻德育理念。德育阵地从线下发展到线上。这是一次全新的尝试,没有太多的参考范例,

只能在实践中不断改善。

2. 启动建设阶段——提出德育新要求

构思成熟后,笔者向学生传达了班级微信公众号的创立初衷和操作方法,学生报名踊跃。通过筛选,共有七人入选,成立班级公众号小组,选出组长,分配文编、美编、摄影及技术管理任务,建立微信群,方便沟通,确定公众号名称为"Big Ten",字面意思为"大十班",契合班级编号,也蕴含学生们对班级的美好愿望。小组成员平日在学校进行素材搜集和整理,周末进行整编和文章推送。经过培训和充分准备,学生们学习了微信公众号的具体发布方法,完成了每周推送的内容规划。班主任作为启动者,负责审核公众号小组的计划,把握每周推送的文章质量,监督德育目标的贯彻实施。

线上的德育建设与线下既有相同,又有不同。相同的是德育建设主基调保持不变,目的依然是培养学生初步坚定正确的政治方向,引导学生逐步确立科学的人生观和世界观,培养学生良好的道德品质。但德育建设的阵地从线下延伸到线上,发生了三点不同。

(1)参与者不同:从教师与学生拓展到教师、学生、家长,更有其他社会成员的参与。

(2)评价方式不同:从单一的师生评价或生生评价拓展到全时在线的即时交互评价。

(3)师生德育地位不同:从教师主导德育、学生被动接受变为教师权威地位弱化、学生自主进行德育。因此,班级微信公众号的开设也为班级德育建设提出了新要求。

3. 发展充实阶段——实践德育新方法

经过一段时间的实践,班级微信公众号的推送从每周小结发展为对班级热点的讨论、个人随笔和定向约稿,内容更加丰富,涵盖更加全面。每周文章发出后,班主任第一时间转发到学生微信群和家长微信群,并转发至朋友圈进行宣传。随着订阅者越来越多,班级微信公众号获得了家长、学校和社会的关注和好评。

在疫情期间网课学习阶段,公众号小组成员坚持定期推送,推送时间从每周一次增至每周两次,甚至三次,及时宣传班级动态。公众号记录了每周班级线上升旗仪式和例行班会内容;记录了内高班学生在校坚持学习、努力锻炼的乐观心态;记录了新疆返青同学十四天难忘的"隔离日记";记录了与友好班级的名为"抗疫之战·有你有我"的线上联动;记录了不因疫情而耽搁绽放的校园春色;记录了清明时节学生对革命先烈的无限哀思;记录了全班同学母亲节零点祝福的温馨举动;记录了任课教师对学生的谆谆教导……

这一切无形中向所有读者传达了班级德育建设的成果,展示了班级的凝聚力和每一位学生对班级深深的认同感。学校公众号平台还专门在"我爱我班"栏目中进行宣传和介绍。每一次转发、每一句评论、每一个"在看"都是对班级德育建设的肯定,也是对公众号小组成员付出的认可。

这次全新的线上德育建设的实践探索,让班级每个人都受益匪浅。

四、总结与思考

回首班级公众号创立发展的整个过程,班主任的角色不再是权威和主导,真正担当主体的是学生。班主任不再需要反复强调班级的德育发展要求,通过不间断的公众号推送,"我们都爱我的班"已经成了全班师生和家长的共识,这符合学期初班级德育目标的设定,也基本完成了高一学年的班级德育发展目标,生生关系更加团结,师生关系更加和谐,家校关系更加稳固。

将德育阵地从传统的线下延展到线上,全方位开展德育建设,是班级德育工作发展在现代信息技术条件下的重要尝试,也是"互联网+"教育环境下的大势所趋。班级微信公众号在德育建设中发挥的正面积极作用,不仅体现了教育发展的时代特点,也对教育者提出了新的时代要求:既要保持"教人求真"的教育初心,又要不断学习吸收新鲜事物,学会借助现代信息技术之力,在无垠的互联云端中学做有心人。

内高班学生挫折心理的调控与疏导策略

山东省青岛第六十六中学　成方岩

挫折心理是指个体在实现目标的过程中,遇到难以克服或自以为难以克服的阻碍或干扰时所产生的一种紧张状态与情绪反应。到内地求学的内高班学生,正处于人生最重要的青春成长阶段,成人感、独立意识、自尊意识强烈,但自控能力还比较弱;他们自我评价高,希望得到社会、学校、家庭的认可和尊重,对未来期望值也高,但他们的学习、生活往往从自己的兴趣出发,在达成目标的道路上,便不可避免地会遭遇挫折。

从我校十几年的内高班办学过程看,面对挫折,能以积极向上的态度迎接挑战、用积极的行为战胜挫折的内高班学生数量少;表现为惊慌失措、产生消极的行为反应的内高班学生多;陷入长时间不良行为的困扰而不能自拔的内高班学生也有。在班级管理过程中,如何让这些远离家庭、远离父母的孩子形成面对挫折不气馁的强大心理,一直是我班级工作心理调控与疏导的重要内容。挫折心理的调控措施及时高效,学生的生活、学习、健康成长才能得到有效的保障。

一、做好挫折认知教育,正确认识挫折的三个因素,即挫折情景、挫折认知和挫折反应,这是挫折心理调适的第一步

挫折情景将帮助我们再现走入挫折的过程。这个过程中我们如何让想法支配我们的活动,是挫折认知和挫折反应的问题,出发点的多元意识是避免产生挫折的重要因素。

入学的第一个主题班会,我首先抓住"挫折的客观必然性"这个主题,随后会有不同类型的系列主题活动。从学生离开家乡参加内高班来到内地伊始,大量的集体活动掺杂了学生个体的生活与学习,不适应、心里不高兴,可能就是走向挫折的开始。我让孩子们找寻回忆,将顺自己不适应、不高兴的一次次情景,重现当时的认知过程,反思认知过程中的矛盾心理,修正自己的心理反应,这样的心理调适其实也是提高一个人心理承受能力的过程。

调适挫折,需要走出情景行为束缚下的个体自我。我组织学生们进行挫折心理的交心互动,相互帮助,把围于个体的矛盾环境变化为伙伴互助、互诉、互帮的和谐环境,使诉求个体明白受诸多客观因素的制约,每个人在生活中都会遭遇挫折,个人的需要不可能百分之百得到满足,胜败不仅是兵家常事,也是所有人的寻常之事。有的学生考试成绩不理想,产生了厌学的消极情绪;有的学生由于自身条件较弱,对某些课程产生逃避心理,如有些体形较胖或者身体素质较差的同学体育课上没有自信,不愿和大家一起做运动。教师需要多关心引导他们,帮助他们树立信心,避免"破罐子破摔"。应该说,经过教师和同学的帮助,这些学生终于摆脱了沮丧的心理,学有定向,成绩有了很大进步。

中学生要学会分析遭受挫折的原因,面临挫折时既不怨天尤人,也不过分自责,而是通过客观的分析,加深对自身不足的了解和所处客观环境的认识,及时调整个人的努力目标。有一个哈萨克族男生,家里兄弟姐妹四人,家境比较困难,父母对他的期望很高,希望他能通过四年内高班的学习考上北京的高校。为此,他刻苦学习,要为爸妈争气。可是,由于文化课基础比较薄弱,加之心理压力又大,他在高一的四次考试成绩波动大,很不理想。他因此一蹶不振,情绪十分低落。我找他谈心,给他讲女排奋力拼搏夺冠的故事,讲我国的航天员战胜一次又一次困难、攀登一个又一个科技高峰的故事。失败并不可怕,必须勇敢地战胜挫折,站起来。经过多次交流与沟通,他开始冷静地分析失败的原因,重新振作起来。高二开始,他通过自己的努力进取,学习成绩上升到了班级中上游。

二、挫折认知的两元性,启发我们转变认识的临界点,挫折认识的过程其实是对自我品性的磨砺与提升

挫折可以使人意志消沉,无所作为;也可以使人奋发图强、知难而进:这是挫折认识的矛盾两面性。古今中外,在逆境中百折不挠、坚持奋斗并取得成就的楷模不胜枚举,恰恰在警示我们转变矛盾产生的积极意义。高一第一学期,我组织了一次题为"正确对待挫折,拼搏助我成功"的主题班会。大家纷纷发言,有的学生举出众多的身边同学愈挫愈勇的感人事例,有的同学则整理了很多名人名言来激励大家,如泰戈尔的"只有经过地狱般的磨炼,才能炼出创造天堂的力量;只有流过血的手指,才能弹奏出世间的绝唱",又如孟轲的"天将降大任于斯人也,必先苦其心智,劳其筋骨,饿其体肤,空乏其身,行拂乱其所为,所以动心忍性,增益其所不能"。班会的最后,我和同学们齐唱《真心英雄》:"不经历风雨,怎能见彩虹?没有人能随随便便成功。"这样的励志活动,其实对于增强孩子们心中遇到挫折后的向强心理,有很强的暗示作用。虽然遇到挫折,但是自己走在很多成就大事业的伟人曾经的路上,并不寂寞。理想是美好的,实现理想却是漫长的、曲折的、艰巨的,要想取得成功,就要具有战胜困难的勇气,不怕吃苦、不畏挫折。面对挫折、失败之时,要采取积极的态度,变消极为积极,从而变得更为强大。

三、温暖教育与情感引导能避免学生情绪反应的激烈化,这是内高班挫折心理调适的重要策略

内高班学生的父母远在千里之外的新疆。受客观条件所限,他们与父母平

时的沟通与联系比较少，在学习、生活或交友过程中受到挫折后，他们往往表现出很大的盲目性和冲动性，情绪激动。严重心理失衡和失控，更给他们带来沉重的精神负担。因此，对遭遇挫折的学生的思想引导和心理辅导要抓住实效，情感交流要注重动情点的设置。

遇到类似情况，我不是按部就班地给他们讲大道理，而是采取紧急措施，使学生迅速恢复心理平衡，在学生的情绪基本稳定之后，我会找一个比较安静、私密的场所，同他们促膝谈心，分析事情的起因与后果，帮助他们寻找解决问题的办法。这样的处理方式往往取得了良好的效果。上纲上线、小题大做，就会给他们造成严重的心理不平衡。

以情感人，中学生挫折心理的产生有其认识上的原因，因此，要用情感交流的方法来提高其认识水平。用情感交流引导，要有针对性，要认真分析学生的心理、思想实际，做到有的放矢，不仅要使他们在认识上有所提高，而且要使他们在心灵上受到感染，心悦诚服地接受忠告、劝导和建议。

理解信任学生，消除对立情绪；表扬鼓励学生，消除自卑。对立情绪是学生受挫后的逆反心理反映。教师要通过正面的、积极的教育，经过促膝谈心，提高他们的思想认识，增强理智。每个青少年都有较强的自尊心和上进心，都渴望得到别人的尊重、信任和鼓励，因此，遇事要征求他们的意见，维护其自尊心；同时，要相信学生会有进步，创设宽松、和谐的环境，消除对立情绪。在日常的班级管理工作中，我都会时时提醒自己对学生的教育不要太急，更不能在公开场合大肆批评，而要根据因材施教的原则，循序渐进地提出目标和任务，让学生时刻有跳一跳就能够得着的感觉，让他们体验成功的愉悦，增强前进的信心和毅力，消除自卑。还要善于发现学生的闪光点，运用迁移规律，利用学生一方面的成绩转为另一方面的信心，即所谓"他山之石，可以攻玉"。

其实，挫折教育的终极是培养学生坚强的意志品质。一个人的耐挫折能力的高低与其意志是否坚强有着密切的联系，进行抗挫折教育应注重中学生坚强意志品质的培养。

首先要树立远大志向。我担任内高班班主任的同时，承担思想政治课的教学任务。我充分利用学科特点，发挥课堂优势，结合学生的实际情况，引导学生进行世界观、人生观和价值观的探讨，让学生明白科学的世界观、人生观、价值观、坚定的信念和远大的理想抱负可以激发自己为真理而奋斗的热情、不畏艰难、顽强拼搏的精神，有利于自己形成忍受磨难、坚韧不拔、积极进取的良好意志品质。

其次,勇于挑战困难,在日常生活中磨炼意志。意志是在与困难做斗争的过程中培养起来的,克服的困难越多、越大,意志就越坚强。多年的班主任工作经验使我认识到,具有挫折心理的内高班学生往往也存在着严重的意志障碍,表现为干什么都缺乏意志力,犹豫不决,对一切都抱着无所谓的态度,精神向往和思想追求意识比较弱。抵抗诱惑、克服胆怯、坚持不懈等意志品质可以在中学生日常的学习和生活中逐步培养出来。我经常组织挑战自我的拓展活动,鼓励学生为实现自己的既定目标勇于挑战困难,激励他们在学习过程中、在实践活动中克服困难,逐步培养自己坚强的意志,让学生认识到,当遭遇挫折时,要不断从挫折和逆境中学习经验、吸取教训,锻炼自己的意志。

四、加强行为指导与实践锻炼,引导挫折反应向正常、正面方向发展

中学生之所以心理承受能力弱,除了年龄原因外,还有一个主要原因是缺乏社会实践的锻炼,缺乏艰苦生活的磨炼。由于离家路途遥远,内高班学生只有暑假才会回到新疆,寒假和节假日都是在学校学习生活,学校就有了充足的时间组织内高班学生参加社会实践活动,例如到社区养老院慰问老人、参观"中共青岛四方支部"旧址学习先烈们的献身精神。这些活动使他们更好地认识社会,了解国情民情,接受生动的革命传统教育和吃苦耐劳、艰苦奋斗的教育,从而提高思想道德素质,发现个人价值的内容和体现方式,完善自身的社会性人格和心理机制,增强战胜挫折、克服困难的能力。学校还利用假期策划组织多彩的校园文化活动,采用学生喜闻乐见的形式,引导学生积极参与,将他们的视线转移到健康向上的校园文化活动中,这对内高班学生的心理健康成长具有非常重要的意义。学校还积极为学生提供实践平台,如开展生活技能观摩竞赛、青年志愿者活动,举办读书报告会、演讲辩论会,组织军训。种种训练活动有效增强了内高班学生的抗挫折能力。

总之,内高班学生的抗挫折教育是一项长期的、艰苦细致的系统工程,需要社会、家庭、学校和个人共同努力,形成一种强大的合力,更需要承办内高班学校的教育工作者采取多层次、多项式、多途径的教育方式,并通过不断强化和习惯化,增强学生对挫折应对的预防性、主动性及自我监控能力,最终内化为学生稳定的心理品质,使其成长为身心健康的社会主义现代化建设人才。

浅谈中学生的人际沟通能力与
语文核心素养的培养

山东省青岛第六十六中学　姜雅馨

一、当下中学生人际交往现状分析

中学生的人际交往，主要是与同学、老师及父母之间的交往。中学生正处于青春期，心理和生理上都发生着巨大的变化。因此，中学生人际交往的心理特征主要有如下三点。

首先，师生关系有所削弱。中学生正处于世界观、人生观、价值观形成时期，生理上的成长让学生们不再视老师为"神"，对人对事有了自己的判断和思考，知识获取的渠道也不再局限于学校。所以，老师与学生之间的关系有所减弱，学生开始试图反驳或者摆脱老师的教育，不将老师作为长辈来看待。其次，易与父母产生隔阂。中学生在心理上大多处于逆反阶段，对父母的管教容易产生抵触情绪，不愿与父母沟通交流，个人隐私意识增强，容易与父母产生隔阂。再次，同学占据重要地位。年龄相仿的同学之间容易产生交流共鸣，更容易相互理解。因此，在中学阶段，同学成了倾诉、交流的主要对象。

与大家分享一个真实的故事。有一个课间，班里的四五个学习不错的学生，走进我的办公室。每人手里拿了一张表格、一支笔。只见一位同学把纸和笔往我面前一放，笑嘻嘻地看着我，一言不发。我低头一看是一张入团申请书，需要任课老师签名。再抬头看其他人，一个个表情各异，有的木然，有的微笑，都是期待的眼神。我沉默了一会儿。这时一个女同学怯怯地说："老师签个名呗。"此时，我心里很不是滋味。这字签还是不签？这都是老师、同学推选出来的学习好的学生。我极不情愿地签上名，再看面前，这张表格刚被抽走，立刻又有一张摆在面前。

签了两个以后，我终于忍不住了，说："你们一个个的怎么连个声都不出啊？"不料站在旁边的班长沉稳有力地说道："此时无声胜有声。"我一听，火气一下子上来了,把笔一放,指着签名的空白处,反问道:"那我可不可以此处无形胜有形,此处无字胜有字?"其实这件事本来很简单,他们只需要礼貌地问候,阐明来意,签字后对老师表示感谢就可以了。

此后几天,我观察了一下其他同事,也陆陆续续地有学生来找他们签字,情景大同小异。老师们不免议论起来:这些孩子都十几岁了,怎么连最基本的礼貌都不懂呢?其实静下心来仔细想想,这可不是简单的文明礼貌问题,其实这是中学生与人沟通的能力问题。

二、影响学生人际沟通的因素分析

基于上述故事,我认为,影响中学生人际沟通的因素有以下三点。

1. 家庭因素

学生的家庭环境对其成长有着潜移默化的影响,自然而然,家庭会成为影响学生沟通能力的主要因素之一。

对于部分中学生而言,他们是家中的独生子女。他们在家中享受的是来自多方的关爱,父母与长辈对他们的宠爱,使他们养成了以自我为中心的性格。而在成长过程中,父母若忽视了对孩子品行的教育,那么学生进入学校时,其与人沟通的弱点就会暴露出来,往往只顾及自己的利益与感受,不考虑别人,缺少宽容、谦让等品质。

而对另一部分中学生来说,家长不正确的教育方式,也会影响学生的人际沟通。例如,过于强势的处事风格、过于严格的要求、望子成龙的心理等,都会让学生对家长产生畏惧,对自己产生怀疑,从而有自闭、自卑的倾向。这些孩子到了学校,在与人交流沟通时,往往会缺乏主见,或是不敢表达自己的真实想法,易被同学欺负或是冷落,容易出现不合群的现象,从而加重自闭、自卑的心理。

2. 环境因素

中学阶段,由于升学的需要,学生、家长和老师都更多地追求应试分数,而忽视了学生整体素养的培养,更忽视了沟通的重要性。仅有的几次沟通,也往往围绕着学业成绩等问题展开,沟通能力的训练不足,影响了学生的身心健康发展和人际交往。

3. 心理因素

由于生活方式的变化,部分学生容易受各种因素的影响,有强烈的失落感，产生一些消极心理，如自卑心理、孤独心理、嫉妒心理。这些学生或是认为自己处处不如人，认为别人瞧不起自己，极力回避与人接触；或是表现得极不合群，不愿与他人往来，喜欢独来独往；或是不能正确对待别人的长处和优点，对比自己水平高的同学采取讽刺、挖苦、打击、嘲笑等不当方式，给别人造成伤害，严重影响了同学之间的沟通。

三、语文核心素养的培养与中学生的人际沟通

基于上述现状和影响因素，对学生进行人际交往的教育显得尤为重要。教师要引导学生客观地分析问题，能够进行换位思考，学会从他人角度考虑问题，理解他人并能主动地与他人沟通、交流，从而取得他人的理解。

语文老师首先要培养学生的语文核心素养，其次才是应试教育下的知识体系。语文核心素养由语言和文学两部分组成，而与人沟通交流，就属于语言文字应用这一方面，也是语文作为一门工具性学科的体现，它会帮助人们交流沟通。因此，培养学生语言能力即与人交流沟通的能力，就是中学语文老师的教学任务之一，无论是课上还是课下，都要潜移默化地引导学生使用正确的措辞与人沟通交流。

课堂上老师们可以通过多样的教学环节，提高学生的口语交际能力；结合教学文章，创设口语交际的情境，使中学生们认识到语文学习和自己的生活是息息相关的；且要鼓励他们勇敢地表达，积极地表达，争取能够在生活中用准确的语言清楚地表达自己的情感与看法。

例如，母亲节或者父亲节来临时，举行一封家书活动，在教会学生书信写作方式的同时，还可鼓励学生大胆地在信中表达自己对父母的爱，将平日不好意思说出口的话写在纸上，拉近他们与父母之间的距离。再如，端午节和国庆节来临时，就可以举行爱国主题的演讲活动，在锻炼口才之余，增强学生们的爱国主义精神。或是举行相关的小型辩论赛，开发学生们的辩证思维，让学生学会多角度地看待问题。

总之，老师应在语文教学中，培养学生的语言表达能力和理解能力，帮助学生克服人际交往的障碍，引导和谐的人际交往氛围，建立良好的人际关系。更重要的是，让他们学会正确地向他人表达自己的情感，为人生的成功打下良好的性格基础。

浅谈如何培养学习兴趣，树立良好学风

山东省青岛第六十六中学　姜雅馨

我所工作的学校是山东青岛的一所普通高中，学生成绩大多刚过普高线。而我所教的两个班级一个是美术班，一个是中俄合作班，都是学校中的特殊班级。下面，我就以美术班为例，阐述我如何在教学中培养学生的语文学习兴趣。

美术班的学生是由艺术特长生、借读生、正常考录的学生组成的。特长生和借读生文化课基础薄弱，普高线为 635 分的情况下，他们的成绩多为四五百分。基于这样的学情，班级里的学习气氛并不浓厚，很多学生打着"我是美术生，以后靠艺考上大学，只要学好美术就行，文化课不重要"的旗号，在课堂上要么睡觉，要么嬉闹。而语文这科看似谁都能听懂的课，在他们眼中就显得不太重要。

为了培养美术班学生的学习兴趣，我采取了许多方法。在第一堂课时，我以半聊天的形式，给他们树立了比其他班级都严格的课堂规矩。不论学不学习，都要让他们在潜意识中重视这门课。这一点，为今后的课堂学习打下了基础，至少他们不会因为授课教师是一名刚入职的年轻教师就不重视该学科的学习。

在上了几节课后，我发现一开始预想的课堂混乱没有出现，反而是过于安静。学生们在上课过程中沉默不语，我无法从学生的课堂反应中了解他们对于知识掌握的程度。为此，我通过无记名的形式，让学生们写下了"我心中的语文课是怎么样的"。总结下来，学生们喜欢幽默风趣的授课方式，课堂沉默的大部分原因是基础薄弱导致他们听不懂，对知识的陌生感让他们失去了学习的兴趣。了解了这个情况，在上课的过程中，我都会把每一个知识点，包括初中已经学习过的知识再细细地讲解一遍。虽然进度上会比其他班级慢，但显然学生们感觉自己能听懂并掌握得了这些知识，他们对语文学习的兴趣也就提高了。

我也多次在课堂上强调，语文是一个生成性的学科，仁者见仁，智者见智，没有固定的答案，我们可以把课堂当作一个交流思想的地方，对于每一篇课文，可以大胆地说出自己的见解和认识。我鼓励每个学生都起来谈自己的想法，且不会以对错来评定他们。学习差的同学较多,但我也是一视同仁,每节课都会把每个学生都叫起来提问一遍,让他们感受到,在语文课上,老师是重视他们的,不会因为他们成绩差而放弃他们。

后来,在周记中,我又发现,这些学生虽然考试成绩不理想,但是他们的阅读范围和文笔却比年级中其他班的同学要好很多。他们喜欢阅读,却大多数都偷偷地看书,因为以前的老师或者是现在其他学科的老师认为他们所读的是一些与学习无关的书,因而没收他们的书。其实,无非就是一些网络小说或者青春文学。所以,我在课堂上会树立这样一个观点,那就是开卷有益,只要不是不良读物,都可以在语文阅读课或者语文晚自习上光明正大地阅读,前提是不影响正常的教学进程。每节课我会拿出五分钟的时间,让学生们介绍一本自己最喜爱的读物。他们的积极性很高,特别热衷于向同学们介绍自己心爱的读物,极大地提高了整个班级的阅读积极性。同时,在某种意义上,也扩大了我的阅读范围,因为他们有什么好看的书就会大方地拿出来与我分享,让我在阅读了新书的同时,也了解了当下中学生在阅读方面的兴趣所在,拉近了我与学生们的距离。

日常我也会采取竞争的模式,提高学生们的学习兴趣。一开始是小组合作制。每周都会有一个评分表,记录每个人的课堂表现、作业完成度以及考核成绩,周五的时候,以小组为单位进行总分的计算,排名第一的小组,可以全组免去周末作业,而排名最后的小组将在完成作业的基础上再增加"惩罚项目"。这样的奖惩制度在实行的第一个学期很有效果,他们为了不给小组拖后腿或者为了免除周末作业,都积极地完成作业或是背诵课文。可到了高二,我发现这样的制度作用减弱了。原因是小组分配不均匀,有的组中成绩好的同学太多,所以他们的加分可以弥补成绩差同学的扣分,以至于即使某些同学不写作业、不背课文,他们依旧可以得到第一,进而免除周末作业。这样的情况就会减弱其他小组的积极性,让努力赚取加分的同学心理不平衡。所以,我又改进了这个奖惩制度,将团体战变为个人战,每个人的加分在周五进行统计,取得分最多的前三名同学免除作业,得分排名倒数的同学接受"惩罚"。这样一来,大大提高了成绩相对差的同学的积极性,即使得不到前三名,也为自己不被惩罚而努力,而每周五语文课的结算时刻,也成了同学们最为开心和期待的时刻。

以上就是我提高学生积极性的一些做法,总结下来,就是肯定学生的学习成果,让他们在学习中能够找到成就感;提高学生的学习自信心,让他们相信即使基础弱,通过努力也能得到提高;强调学科的重要性,让学生们知道,无论什么情况下,老师都不会放弃他们,会与他们一起为高考努力,让每一位学生相信,老师是他们的朋友,而不是让他们感到畏惧的敌人。

高中班主任在班级管理中的沟通艺术

山东省青岛第六十六中学　王文佳

班主任是一个班级的领导者、建设者、人际关系的协调者以及学生全面发展的指导者,在班级管理中扮演着至关重要的角色。在整个高中时期,班主任在班级的具体管理方面经常会面临一些烦琐的问题。这就需要班主任具备一定的管理能力,以此来提高班级管理水平,其中就包括沟通艺术。

师生互动理论是以师生关系为主要研究对象的一种理论观点,以社会学中的互动理论为基础,重点分析师生人际关系模式以及教师期望、特征与教学风格是如何影响学生的自我发展和学业成绩的。美国学者沃勒强调师生关系是一种"支配—从属"关系,彼此包含着潜在的对立情感。此后美国学者弗兰德斯提出课堂行为观察技术,重点探讨师生之间的十种交谈行为,发现教师不同的教学方法对不同学生的学习具有直接或间接影响。所以师生沟通互动在班主任工作管理中尤为重要。

班主任在进行班级管理的过程中,在师生沟通、与家长沟通方面难免会存在一定的问题。与学生沟通相对较少,学生和老师之间缺乏了解和信任,师生之间情感交流少。与家长沟通大多是通知,而不是进行互动式情感交流。这与班主任工作繁重、职业压力过大且缺乏沟通技巧有关。

在与家长的沟通方面,班主任首先要摆正位置,调整心态,耐心细致。尊重、理解家长,"学生首先是家长的孩子,然后才是我们的学生",多多换位思考,就能避免很多矛盾。年轻班主任受到质疑是很正常的事情,要让家长看到年轻班主任的优势,如时间较为充裕、掌握较多的心理学知识、更为专注和热情、更愿意主动与家长沟通。"教育好家长也很重要",家长不是不想管,而是不会管,没有掌握良好的沟通技巧。而必要的家庭教育指导,可以帮助家长与孩子进行有效的亲子沟通,拉近双方的距离。

比如与家长打电话沟通时的"话术"也是一门学问。"有件事想跟您沟通一下""我们可以通过这次处罚教育孩子……""咱们达成共识,对孩子的教育才能有效"这些话语要比"有件事通知您一声""孩子违反校规,需要按规定进行处理""我觉得您这么做,孩子肯定不会接受"更加有效。选择一种家长能够接受的方式去进行沟通,可以达到事半功倍的效果。

其次,要学会与不同类型的家长进行沟通,班主任应该摸清学生的家庭情况,做到心中有数。比如对学生不管不问的家长,班主任要及时和他们沟通学生在校的表现情况,让家长能够更加深入地了解学生。对待后进生的家长,我们要让家长对自己的孩子充满信心,让家长看到孩子的长处与进步。对于孩子的缺点,不能一次性说太多,但是也不能不说。夸奖学生时要热情,批评学生时语气要温和婉转,给家长一定的信心。在交流的过程中要注意语言技巧,切忌伤害家长的自尊心。在家长心里,自己的孩子是优秀的,有闪光之处。

在与学生的沟通方面,班主任要做到以下几点。

转变教师观念,提高综合素质。教师容易受传统教育模式的影响,要学会改变严师出高徒的保守观念,改变传统的教育方式,不能打压学生,否则会降低学生的积极性。要让学生变得主动、积极、勇敢,真正成为学习的主体,只有这样,学生才更愿意吐露心声并表现自我,教师才能更好地了解、理解学生,掌握每个学生的特点,从而因材施教。

沟通由心开始。眼神是最坚定的交流,微笑是最美丽的语言,拍拍肩膀是最温柔的安慰。教师要学会换位思考,多站在学生的角度去思考问题,用一种学生可以接受的方式与其沟通。比如课堂气氛沉闷使学生更容易在课堂上打瞌睡,教师应该及时地采取解决的方法,多跟其他教师交流吸取经验,丰富自己的课堂,让课堂气氛活跃起来。

班主任要明白,教育要大于惩罚。教育在前,惩罚在后,从班级的长远发展来看,教育起到的作用更长远、更有意义。班级成立初期是关键期,预设可能出现的问题,花时间教育学生、立好规矩,后续工作会比较轻松。奖惩要得当,"00后"孩子更需要认同感和同理心,"一个巴掌一个枣"有可取之处,"多奖严罚",通过奖励做价值引导。

提高班主任的沟通技巧,每一位老师上课的教学风格都不一样,要学会用自身"课堂魅力"去感染学生。课堂教学是班主任与学生交流、沟通的途径之

一、课堂教学中，老师可以用精彩的语言、严密的逻辑、渊博的知识、认真严谨的态度潜移默化地影响学生。其实每个学生都渴望能够与班主任沟通，渴望获得班主任的赞赏与认同。班主任可以尝试走进学生真实的生活，一点一点拉近与学生之间的距离，通过一点一滴的生活细节，培养深厚的师生感情。

在一次政治课上，还有三四分钟就要下课了，一名男同学还在睡觉。我整节课强调了很多遍："睡觉的同学醒一醒啦。"我压住了心中的怒火，好像什么事情也没发生一样，说："小明同学，要不你到后面站一会儿吧，你是打算下节课继续睡是吗？""不，我下节课要听课啊。"听到学生这样的回答，我觉得问题有点严重了，心想需要在学生睡觉这个问题上进行教育指导。于是剩下的时间，我针对学生在思想政治课睡觉的现象简单和学生谈了谈。课后我进行了反思，学生为什么睡觉？如果我当时与学生进行良好的沟通，事情就会变得不一样。所以掌握沟通技巧不是一蹴而就的，是一个慢慢学习的过程，这就要求教师不要急于求成，要善于从与学生以及家长的沟通中发现问题，慢慢改进，在沟通交流中积累经验。

总而言之，班级是学生的第二个家，班主任是学生的第二个大家长，班主任要为学生营造一个和谐稳定的班级环境，注重班级管理中的沟通艺术，使学生在班级当中感受到温暖。新时代的班主任，尤其是年轻班主任，要不断学习新的管理理念，丰富管理经验，多向有经验的班主任请教，更好地服务学生。

浅谈高中主题班会设计

山东省青岛第六十六中学　潘贵美

班主任工作纷繁复杂，我们与学生在学习和生活方面接触时间长，但是有计划的系统性交流沟通的时间并不长。而主题班会这种以班级为单位，在班主任的组织引导下，围绕着某个主题，有目的、有组织、有计划地开展的集体教育活动发挥着越来越重要的作用。主题班会召集时间固定，教育主题和教育形式丰富多样，能给学生提供明确的教育指引，向学生输出实用而稳定的信息内容，育人效果较为显著。作为育人教育的主阵地，一周一次的班会课如果能利用好，它就会成为班主任和学生之间沟通的桥梁,有助于形成和强化班级精神。然而,我们不得不承认,班会课的现状并不乐观。由于繁重的工作压力,班会课往往成为班主任教训、批评学生或不断向学生提要求、下命令的课堂,在这种情况下,班会课成了班主任的"个人演讲会",更有甚者,干脆把班会课变成了自习课。那么我们应该如何有效地设计班会课呢?

一、有针对性的主题

班会主题的选择应该具有针对性,内容上突出教育性以及实用性。高一年级到高三年级是学生世界观、人生观、价值观形成和人格养成的重要阶段,学生在这个阶段存在成长及学习的困惑。班主任应有效利用这一时期,根据学生的年级、思想动态以及节日、时事热点等因素确定班会课主题。从不同年级来说,高一作为新入学年级,由于进入一个新的学习阶段,学习的内容、难度和压力都有所增加,对此,可以开展一些励志班会课来激发学生的学习动力,增强学生的学习信心,主题设计重在引导学生适应高中生活,养成良好的学习习惯;高二年级除基础知识的学习外,还面临六选三的选择和合格考的压力,班会应侧重于生涯规划及选课、合格考复习等内容;而高三年级重点在于高考,侧重点在于备考、心态调整等方面。在不同的阶段,班主任要有效利用主题班会,有预见性和针对性地组织主题班会。此外,像父亲节、母亲节等有助于进行感恩教育的节日或者国庆节等有助于培养爱国主义情怀的节日,班主任都可以以之作为切入点,确立班会课主题。此外,还可以结合学校最新的工作要求以及学生面临的阶段性问题确定班会主题。

二、多样化的形式

主题班会的教学组织形式对最终呈现的教学实际效果有重要影响,班会的组织形式应根据已设定好的主题、考虑体现学生主体性等因素来确定。

互联网的发展为我们提供了丰富的素材。局限于说教的讲解式班会早已不能满足当代高中生的需求,教育效果大打折扣。这时,班主任可以利用视频、音乐、图片等素材代替枯燥乏味的说教,可以给学生更强的视觉冲击力,留下更深刻的印象。高一年级分享的"食品安全"班会课的PPT让我至今印象深刻,主要以丰富的图片、视频和新闻来呈现。这种形式的班会课生动形象,学生易于接受。每年十二月,我们都组织宪法日活动,除了宪法知识小竞赛外,我们直接展示了宪法的部分内容。同学们在激昂的音乐背景下进行齐声朗读和宣誓。在音乐和朗诵的双重影响下,学生情绪饱满激昂,活动达到了良好的育人效果。

从空间上看,主题班会课的部分活动可以转移至户外进行。比如有些班级将活动阵地转移至青岛党史纪念馆,带领学生参观图片和实物,去了解中共党员和青岛在那个时代所扮演的角色。学生参观完毕后,团员们再次宣誓,那种庄严神圣感给予学生很深的震撼;有些班级组织学生去海边捡垃圾;有些班级组织学生走上街头进行义卖活动;还有些班级组织学生去敬老院服务。这些志愿者活动深受学生们喜欢,能够让学生在做中学,还在年级中掀起一股小高潮。这类班会课形式丰富多样,都是在老师指导下,以学生为主体进行的共同交流,主要强调真正参与,通过分享个人体验和感悟,升华认识。我们还可以将家长请到学校,让父母和孩子在学校共同完成,比如很多班级举行的包粽子、做月饼活动。在这些活动中,我们邀请了学生家长一起参与。孩子和家长从选材、购买、动手做到完成分享都共同参与,有的家长和孩子坐在一起,共同完成,有的虽然分开坐,但是目光忍不住相互追随,既拉近了叛逆期孩子与家长的距离,又能让学生在动手中感受我国的优秀传统文化和其中蕴含的民族情感。

三、有条不紊的组织准备

主题班会因为良好的设计而具有较强的可预见性,但是也会因为受诸多因素影响而有不可预见性。因此,从班会的开始到结束的每一个细节,都要提前做好规划设计。许多班主任习惯于自己一手包办,实际上在很多方面班主任都可以与学生共同完成,比如班会课的流程设计、道具准备、人员安排,甚至可以引导学生单独完成。或许起初会感觉还不如自己来做轻松,但坚持下去就会发现,合作完成既锻炼了学生的能力,又提高了学生的参与度,能取得更好的效果。

班主任准备阶段。组织和策划对于主题班会课能否达到预期的教育目标至关重要。班主任平时要注意观察生活,观察学生表现,把日常生活中看到的有价值的、能够给学生启示的素材汇集起来,给教育思想注入新的活力。班主任对主题班会课的思考要结合学生的实际情况,考虑到学生的年龄、阅历、兴趣和认识水平。召开主题班会前,班主任可以先组织班委会召开会议,跟班委会商讨活动的目的和要求,组织大家讨论活动的形式、具体分工与落实、活动经费预算等。在整个活动策划过程中,班主任既不能仅靠自己拍板决定,也不能当

"甩手掌柜",而是应该做好辅助和把关,不让主题走偏的同时,做好后勤工作。活动策划要尽量充分调动起每个学生的积极性,使他们认真思考,充分展示他们的才华,且融入班会的主题中,增进师生间、生生间的互动和情感。

学生准备阶段。主题班会要开得成功,必须提高学生的参与度。经过一学期的培训和共同商讨,班委会已经能做好主题班会前做邀请函以邀请相关任课教师或家长,确定活动流程和发言对象,准备 PPT 等相关素材和道具等工作。班委会提前大概一周向同学们布置任务,让每位同学都能充分做准备。如"目标"主题班会,要求每位同学准备一张目标卡片并书写。在整个过程中,班主任需要召集班干部召开会议积极沟通,将每一个环节落实到位。主题班会后,班主任还需跟班委会一起做好总结反思,积累经验,升华提高,为更好地开展下一次班会课打好基础。

近年来,我们不难发现,现在有的学生可能因为学习压力大或者父母离婚等家庭因素存在一系列的心理问题,在一些问题的认识上存在偏差。班会课不应该仅仅用来反馈过去一周学生在学习和宿舍生活中的行为表现,在系统的规划下,班主任应有效利用班会课,从整体和全局来把握整个高中阶段三年的一百多节班会课,以主题班会为抓手去唤醒学生主体意识。高中阶段是人格养成和心理成长至关重要的时期。主题班会是有形的,而其中的教育和启发是无形的,让可视化的活动去吸引学生,用无形的教育去启发学生,使学生主动参与,潜移默化地受到影响。这样日积月累地熏陶,最终让学生形成健康的人生态度、良好的个人修养、明确的生活目标。因此,班主任应以班会为班级管理的重要渠道和阵地,融合心理健康教育,设计触及学生心灵的班会课,引导学生树立正确的人生观、积极乐观的人生态度和学习态度,促进学生全面成长。

晋级制度在高中班级管理中的应用

山东省青岛西海岸新区胶南第一高级中学　李明强

一、量化思考

我们采用量化管理的方式进行班级管理的目的是什么?如果仅仅是通过

量化的方式,对学生进行规范,将全班学生进行综合排名,进而奖优罚劣,最终就必然会导致好的总是好,差的总是差。看不到希望,就必然使部分学生对目标和追求失去信心,破罐子破摔,就不会在乎事情的结果。

需要我们反思的是,为什么开始的时候这样的管理方式是有效果的,后来却淡化或失去效果了呢?因为学生具有向好、向善的愿望,他们愿意服从教师的管理,内心是追求进步、渴望成功。同时,学生向往新鲜刺激的事物,渴望体验不同的生活。一成不变的方式,是他们所反感的。一旦学生对一种方式失去了兴趣,甚至产生了厌烦情绪,这样的管理方式对他们来说,也就失去了意义。

二、晋级制度规则

如果量化管理本身吸引力降低,教师们就要赋予这些方式一些外在的吸引力,让管理变得有趣,进而吸引学生的注意力和关注。基于上述思考,我试着推行了晋级制度。规则如下。

1. 小红旗的扣罚

(1)迟到、无故外出、违反课堂纪律、被任课教师批评当天不得小红旗。

(2)宿舍违纪(宿管记录)当天不得小红旗,反扣两面小红旗。

(3)阅读非教师指导用书当天不得小红旗,反扣一面小红旗。

解读:没有全面地把违纪情况列入,比如做操、集会、课间、作业。如果考评制度过细,需要用放大镜去观察学生身上的问题,那就不是学生的问题而是教师的问题了;且束缚了学生的天性,限制了学生的发展,让学生对教师的管理失去了兴趣,会使教师疲惫不堪,也会使学生怨声载道。

2. 小红旗的追奖

(1)拾金不昧、助人为乐等晋级委员会认可的事情可加一到两面小红旗。

(2)各项活动中为班级争光添彩的同学,经晋级委员会认可可加一到两面小红旗。

(3)考试有以下情况可加一面小红旗:过一本线;过二本线;前十名名次不变,其他同学有进步;进步五个名次以上。

解读:班级内总有一部分同学因为自身性格天生好动而违纪,获得小红旗较少。可以提高这部分同学的积极性,避免好者越好,差者越差;发挥出这部分孩子身上的优点,展现他们的优良素质;带动班级全面发展,也让不善表现的同学积极参与进来。

3. 晋级细则

（1）得小红旗旗数前三十名晋一级，并列可同时晋级。

（2）一个月内有两个周是满小红旗的且比上一周期得的小红旗数多的晋一级。

（3）携带智能手机、打架、男女不正常交往降级。

（4）晋级顺序为队员、队长、一级教官、二级教官、三级教官、总教官。

解读：为保证学生的积极性，让大部分晋级，同时为了让那些一直做得不好的同学也积极参与，设置了第二条。这部分同学努努力也可以实现晋级，可以满足他们的晋级愿望和小小的虚荣心，更有利于班级发展和管理，真正实现全班同学都动起来。

4. 奖励

（1）一个周期内晋级的每一位同学将获得一张奖状，拍照上传到家长群、朋友圈等。

（2）晋级的所有成员名单打印在一张奖状上，室外宣传栏展示。

（3）学期末级别高的可以直接获得三好学生、进步之星、文明之星等荣誉称号。

（4）特别优秀的同学享受"班主任请我就餐"。

解读：让同学们充分感受到晋级的荣誉和乐趣，让他们有更多的动力去做好自己。

5. 娱乐惩罚

（1）一个周期内获得小红旗数后四名同学享受"怕什么，来什么"。

（2）前一周期享受"怕什么，来什么"的同学本轮次获得红旗数比上周期多的话可不接受惩罚。

解读：第一条用来防止部分同学觉得晋级无所谓，进而学习和纪律行为懈怠；第二条防止部分同学每轮次都享受"怕什么，来什么"，积极性受到打击，也会让其他同学没有了被惩罚的压力。

"怕什么，来什么"规则。

① 为班级做义工（打扫走廊并送垃圾一周）。

② 为同学表演一个节目。

③ 三至五分钟命题或半命题演讲。

④ 天旋地转：弯腰闭眼，右手抓左耳，举左手，左转 8 圈，右转 8 圈，做金鸡独立的动作。

⑤ 说出自己做得最"傻"的一件事。

解读：学生自己抽取一条，这些方式每轮次更换几个，增加新鲜感，同时释放两个周的学业压力。

三、效果与意义

以前学生晚休说话，虽然使用了各种教育方式，但是屡禁不止，师生矛盾、家校矛盾都会凸显出来。而且我们在教育的过程中经常会出现学生情绪激动的情况，为避免意外的发生，经常不了了之。使用了晋升制度后，学生的违纪行为大大减少。人人为荣誉而积极表现，也为避免享受"怕什么，来什么"而积极地改变自己。有了良好的纪律，就能形成好的学习氛围，班级成绩像坐了火箭一样窜了上去。

这种有效的管理，重在培养学生的独立能力和自我管理能力。开展有趣的竞争活动，就是让学生自我管理。班主任要想从烦琐的班级管理中空出手来，就必须制定出一些让学生自我管理的规则，让学生有明确的成长目标并以量化的形式让他们对自己的行为进行测评。通过几年的探索，我最终制定了晋级制的竞赛规则，学生在晋级中享受到了成功的快乐，也促进了学生的自我约束。学生们为什么沉迷于游戏，并且在游戏中不可自拔，就是游戏中的及时反馈让他们体验到了现实环境中所不能体验到的成就感。现实中，学生们在期末考试中考得好才能体会到付出的收获，考得不好一学期也体会不到被人仰慕的感觉。孩子们没有那么长的毅力，况且也不一定会成功。而在晋级制度中，只要学生有一小段时间的认真付出，即可获得荣誉，而且不仅仅是成绩，而是把所有方面重新放到新的平台上去竞争。起点一样，有了新的动力，无论晋级与否都能及时反馈，这是它对高中学生有吸引力的关键。学生能及时体会到自己的努力所带来的成就感，每一次等级的提高都是一小段努力的奖励，进而促进他们继续上进，追逐下一次的晋级。

班主任要多探索与时代、学情、年龄段更契合的管理方式。无论实行怎样的管理方式，都要遵循公平、公正的原则，在公正中遵循个体的差异，用心发现问题，用情化解问题，激发学生的上进心。

以爱为源，关注学生心理需求

山东省青岛第六十七中学　　王春

有人说，如果没有爱，任何说服都无法开启一颗封闭的心灵；如果没有爱，任何语言都无法打动一颗冰冷的心。唯有爱，才能点亮心灵的灯盏，祛除蒙昧，收获希望。高二接手新班之后，我发现和家长基本都是同龄人，感叹完岁月不饶人、光阴如梭后，我决心用"母爱式"教育来指导自己带这个新班。

对绝大多数学生来说，我的"母爱"像太阳一样照得同学们暖融融的，从而主动脱下棉衣，开始依赖我、信任我。剩下的也都"蠢蠢欲动"了。只有一个人例外，小 Z。他的表现让我觉得我是刺骨的寒风，他的衣服越捂越紧。我刚和他交流的时候就发现他有点固执，甚至偏执，语言攻击性比较强。后来经过了解，发现他从小父母就在外地工作，父母的陪伴缺失严重。因此，我认为他"无理取闹""怼人"甚至有点偏执的思想都是寻求关注的表现。我想到了心理学上著名的霍桑效应，这一起源于 1924 年至 1933 年间的霍桑实验，指的是当人们意识到自己正在被关注或被观察的时候，会刻意去改变一些行为或者是言语表达的效应。所以，我更加关注他，教他如何表达自己，但是收效甚微。他仍旧拒绝好好沟通，我们的谈话往往不欢而散。反思之后，著名教师于永正先生的话——"当孩子意识到你是在教育他时，这样的教育往往是失败的"给了我新的思路。于是我放弃跟他谈话，等待机会。有一次，班里的窗户坏了，本来想请物业来修，他看到后，三两下就修好了。我意识到这是一次很好的破冰机会，在全班同学面前表扬了他。虽然他极力掩饰，但我还是能看出他内心的喜悦，这也给了我极大鼓励和信心去打动他。有一天，他在自习课上看《哈利·波特》，我知道机会又来了。我并没有没收他的书，而是跟他聊了哈利·波特和作者的创作历程，并请他给我推荐并帮忙去图书馆借一本，他欣然同意，并以最快的速度把书借出来，又愉快地指导我阅读。从此以后，他对我敞开心扉，并积极主动参与班级活动，跟同学的交流也更加顺畅了。最可喜的是，他的学习也有了明显进步，尤其是我所教的英语课，他上课认真听讲、主动参与，弱科变成了强科。

小 Z 的案例让我意识到,学生需要倾诉,需要更多关注和赞赏。当学生的心情舒畅,被关注的心理得到满足后,其学习能力、与人交往能力就会大大提高。同时,我也意识到每个学生的个性就像长相一样,都是独一无二的。在教育学生、管理班级的过程中,很多方法要灵活变通、综合运用,要耐心细致地对待每一个学生,以爱为舟,送他们到达健康成长、成材的彼岸。

严之有度 教之有术 通之有路

山东省青岛第十六中学 兰兰

2019 年的炎炎夏日,我送走了我所执教的第二个中澳班。当和家长们在机场目送他们走进闸口时,我像卸下了千斤重担,感慨万千。2017 级是面对新高考、新学业水平考试改革的第一批学生,在班级管理、课程安排、教学任务等方面,我遇到了比带前一届中澳班更大的挑战。

2017 级中澳班在校学习两年来,发展平稳、班风纯良,特别是在高二上学期所有文化课学业水平考试结束之后,班级内的学习秩序依旧井然有序,气氛温馨平和,每一位学生依然保持着积极的学习状态,没有出现纪律混乱、松散的现象。高二的平稳度过要得益于我从高一时就不断渗透的科学严谨的教学管理。在高一班级刚刚成立之时,崔主任就向老师们提出了面对新高考以及新学业水平考试我们所面临的一些问题,希望大家未雨绸缪,提前准备。也就是从那时起,我开始了为期两年的耐心细致的教学管理,我分别从学生管理、课程管理和家长管理三方面展开了工作。

一、学生管理:刚柔相济 公正平等

中澳班学生的学习自觉性和自律性都比较弱,要想规范他们的行为,引导他们把全部精力投入在学习上,我采用了严字当头、刚柔相济的方法,主要抓了以下两个方面的工作。

1. 建立基于家长、学生、教师三方协同的手机管理制度

学生的手机管理一直是班主任面临的一个棘手的问题。在学校组织的班

主任微论坛上,我听取了姜霖老师所做的如何管理学生手机的报告之后,与全校的班主任分享了我们班的手机管理方法,那就是契约式管理制度。在2017级中澳班开班仪式上,我把这份手机使用契约书发到了家长和学生们的手中,这份契约书明确规定了学生在校、在家的手机使用规则,规则的落实在家由家长负责,在校由我负责。家长和学生现场阅读和讨论之后,大家签字表态,三方达成一致,我就开始严格按照契约书的内容来执行:若出现第一次违纪,家长到校把手机取回;若出现第二次违纪,就由我来代管手机,直至高二离校欢送会上方可取回。一开始,我对这个政策还心有顾虑,担心家长会不配合,但没想到这个班的家长特别支持,纷纷拍手称赞,甚至请求我突然家访来没收孩子的手机,家长们的合作态度坚定了我执行这一制度的决心。在高一我代管了班里第一部手机之后,学生就害怕了起来,极少在校内使用手机了。两年我共代管了四部手机,在离校欢送会上,我当众归还给了孩子们,这四位同学还特别编排了一个小节目热烈庆祝手机的回归,让大家开怀大笑。让众人棘手的手机问题,就这样在教师、学生与家长的三方协议中完美地解决了,不但让家长们对学校严格的管理有了深刻的印象,还给孩子们留下了一段难忘有趣的回忆。

2. 公正平等的两两合作小组制度

在我所执教的中澳班和书法班,同学对两两合作小组制度非常熟悉,也特别感兴趣。两两合作,就是由两位同学组成一个学习小组来共同完成学习任务,分别得分、捆绑评价、按月考评。优胜的小组成员可以享受到免室外值日、免单词听写或课文背诵等看起来极具诱惑力的奖励,落后的小组则会得到增加室外值日、多擦黑板、多背课文等额外任务。两两结合的人选最初由我来指定,一般是学习基础较好的与较弱的一组,后来改为同学们抽签组合,更增加了这个制度的趣味性。为了不给自己的 partner 增加负担,每位同学都想尽力做好自己,完成老师们布置的学习任务,这也鞭策了一些同学在学习上多努力。这种微型合作小组一改五六人大组合作的形式,操作起来简单高效,大大提高了学生的学习兴趣与动力。这个制度从开学第一天开始执行一直坚持了两年,共更换了十八次小组,班级内的每一位同学都彼此合作过,大家的关系更加亲密,班级的气氛也更加友好了。

二、课程管理:张弛有致 科学协作

1. 科学合理的中澳课程实施

班主任不仅仅是班级的管理者,同时也是各个学科的协调者,对于中澳班更是如此。高一年级，中澳班的同学要学习中澳课程共十二门，学习任务是比较重的。九门中方文化课，教师要严格按照国家课程标准来展开授课，无论教师讲授还是学生学习，我们都要求做到高标准、严要求。在所有的全校统一模块检测中，中澳班的学生要随着级部混编考场统一参加考试，以此来获得真实可评的考试成绩。同时，五科学业水平考试科目的老师们还面临着巨大的考试压力，在课时比普通班少的情况下，老师们除了要完成必修部分的讲解，还要带领同学们认真备考，统一参加级部组织的学业水平模拟考试。为了顺利完成整个高一学年的教学任务，我确定了让外方教师协助补充中方课程的策略，特别是在数学和物理上，我让 Ban 及时与数学孟老师和物理陈老师交流教学进度与安排，利用 IXL 数据库系统，监测同学们勤练习、重反馈。高二政治学业水平考试结束后，中澳班的双方课程就只剩下了数学、语文、英语、物理这四门文化课，如何建构更加合理的课程体系，如何让学生涉猎更多的知识是我面临的首要问题。通过学校的协调安排，我们增加了中方课程的课时量。为了提高学生们的英语能力，我们增加了中方听力课程、外方写作课程；为了拓宽他们的国际文化视野，增加了国外文化生活课程。在数学和物理的教学上，我鼓励中方老师积极辅助外方老师来完成澳方 Year 11 的讲授和 Year 12 的预习。我的英语课也变成了外方英语的第二课堂，口语对话、热点讨论、Essay 写作、人际交往能力的提高、批判式思维的建立，都是我要辅助外方教师来完成的教学工作。中方课程设置的独特性要求老师们单独命题、单独检测并单独阅卷，这也增加了老师们的工作量，但王爱华主任、王哲毅主任、陈艺人老师、孟琳老师和孙妍老师始终认真细致地完成自己的教学任务。终于，在全体中方和外方老师的共同努力下，我们班 100% 通过了学业水平考试，外方课程也在 David 校长面试中获得好评，家长们纷纷对中澳班的教学质量竖起大拇指，称公办学校的教学质量值得信赖！

2. 充满尊重与耐心的外教交流合作

澳方课程是中澳班中外课程融合中重要的一部分，也是学生适应国外学习的重要基石，因此对外教的管理也尤为重要。课前的准备、授课的要求、作业的批改、评价的反馈，我们要求外教认认真真做好每一个环节，以保证澳方课程顺利有效地实施。每学期伊始，合作交流中心都会召开本学期中澳教学准备会，基于 Skype Meeting 澳洲霍尔姆斯学院发来的本学期教学安排及内容，结合中方课程的教学内容，我们为外方的数学、物理、英语制定了具体到每一节课的、周密的教学计划,对教学的进度、课时的安排、教授的内容都做了充分的讨论和准备,实现了本土化的外教课程管理制度。

文化背景的差异要求我们与外教的沟通要更加耐心细致。外教老师 Coco 是一个美国人,她多变与敏感,所以在今年的外教沟通合作上我真是煞费苦心,幸亏之前参加了学校组织的班主任心理培训,给了我面对这个学戏剧的美国人的智慧与勇气。我现学现卖,把理论应用于实践,用尽各种方法与她交流沟通,把她英语课的作用发挥到最大化。付出终有回报,人际交往也是如此,在最后的欢送会上,Coco 亲自准备了礼物来到班里,眼含热泪与同学们一一告别。在那一刻,我比在场的任何一个人都要激动,我终于用耐心与友爱,换来了 Coco 对我、对中澳项目工作的理解与尊重。

三、家长管理:源于沟通 胜于和谐

1. 微信交流群是家校交流的天地

我从军训时就建立了班级微信群,实现了家校联系的无缝对接。班级有了哪些新活动、同学们得到了哪些新荣誉、班级中又发现了哪些好人好事,每个周、每个月,全班几乎每个同学我都会从不同的方面表扬一遍。这样的表扬,不仅激励了每一位同学,还让每一位家长都体会到了孩子在校学习的成就感。孩子们的点滴进步,我都通过微信群向家长展示出来,久而久之,群内就形成了一股温馨向上的正能量,家长们也非常热情,积极地支持学校的工作,师生关系也就变得更为和谐融洽。

2. 家校联络单铭记了家校沟通的足迹

我们班的表扬都是在微信群中公开展示的,但总有个别同学的问题需要与家长单独沟通,于是我就采取了联络单的形式。我为我们班的每一位同学都建立了一个家校联络单,首先由学生总结某一阶段的表现,再由我就个别问题给出意见,最后反馈给家长再写出配合的方案。一张纸,凝结了老师、家长和学生三方的交流和感悟,一种贴心有效的、良好的沟通机制就建立起来了。

3. 一对一家长会让家校沟通更专业

高二下学期,我们班同学面临着到澳洲后课程及专业的选择问题。面对这个重要的节点,我和外方的老师们共同协商召开了一对一的家长会。我们首先制定出了一对一约见时间表。在家长会上,先由我来分析学生的学习成绩和个人特长,再由外方的老师们提供适合学生个人发展的大学及专业,并与家长、学

生相互交流意见和想法。我们都从学生的实际出发,就学生未来道路的选择真诚地给出我们的建议。这样的家长会,既让家长和学生们体会到了中澳项目的专业,也让他们体会到了我们对学生们的用心与关心。

家校交流是一种爱的流露,它架起了师生情感的桥梁。在最后毕业的欢送会上,我们班杨鹏楷的爸爸代表全体家长,向学校赠送了"石榴花开香两岸　中澳合作谱新篇"的锦旗,感谢学校对孩子的辛勤教育。

回首两届四年的中澳班班主任工作,我明白了教育的艺术,不仅仅在于传授知识的本领,更在于鼓舞、激励与唤醒。做有生命的教育,就是要为学生们创造团结积极的生活环境,给予他们勇于展示自我的信心与勇气。在毕业欢送会上,我们班的柯董政同学历时两个多月,以一张运动会的照片为蓝本,手绘了一张全家福,每位同学的神态惟妙惟肖、栩栩如生,让大家感动不已。正如柯董政所说,回忆起两年十六中的高中生活,他们忘不了的,不仅仅是干净的校园、和蔼的老师,更多的是同学们之间那份纯真温暖的友谊,和那份足以鼓舞他们的整个人生旅程的精神与动力。

愿中澳班的学生们远在大洋彼岸之时,回首高中生活的一点一滴,能忆起大家一起共度的时光、一起奋斗的历程,愿真挚的友情、真诚的关爱成为来自祖国最美好的一份回忆。让爱与激励成为最好的教育,让每一个学生都在充满爱心的成长中展示一个新的自我,珍惜与他们的相聚,感悟他们的美好心灵,赠予他们最真挚的情感,我们,也会感受为人师表的那份最珍贵的感动与幸福。

育人为本,不忘初心

山东省青岛第六十七中学　王春

春天花开、秋天落叶、朝阳升起、夕阳落山,所有时光苍老的背后,是每一个童颜怒放的见证,是每一个心智成熟的历练。转眼间,我与 11 班已经度过一年的快乐时光。在与他们共同成长的过程中,每一次点滴的记录都能成为生命的震颤。这条路注定充满劳苦,重复中亦能收获简单的快乐。于是,我每天充满力量,践行我的教育理念,见证孩子们的成长,记录我们一起成长的点滴。

这次的班主任工作是我继 2009 年之后，时隔十年再当班主任，即使面对许多的困难，我还是满腔热情，因为我始终坚信当了班主任才能获得更高的职业幸福感。我带着期许和些许惶恐踏上了征程。

一、熟悉学生，表扬团队

班主任在军训之前通过微信与家长交流，初步了解学生基本性格特点；在军训的过程中主动跟学生交流，熟悉学生基本情况，做到人名与相貌的对应；针对学生整体特点，初步奠定班级运行基调。学生初来乍到，对环境有陌生感和敬畏感，多数想要树立良好形象。多表扬、少批评是军训期间我一直遵循的原则。实践证明，这一原则是行之有效的。在军训期间我班取得了优异的成绩，各项比赛均有获奖，并在总排名中获得了两个标兵连队的一席之地。

二、适应新环境，形成好的行为习惯

军训期间取得的优异成绩为提高班级凝聚力和营造积极向上的班级氛围奠定了良好的基础。帮助学生尽快适应高中生活和学习成了首要任务。初高中学习作息差别较大，学生们的适应能力也差异较大，因此，多召开班会、反复宣讲、每日督促、跟班指导、个性化帮助，这些方法都对学生尽快适应新环境、养成良好作息习惯等有很大帮助。

三、确立目标，奋勇前行

学习上最重要的是树立目标，明确方法。我在日常学习中及时给学生积极的反馈；考试结束之后给学生覆盖面广泛的表扬；在班级学生群推送适合他们阅读的文章，予以精神航向上的引领。这些方式能够帮助学生坚定目标、增强学习动力。

四、保持家校联系畅通，及时反馈学生情况

我通过微信群、钉钉群、班级优化大师等途径与家长保持联系。每个周末学生离校前，我都会在班级群内发送本周班级情况总结，让家长们不仅了解自己孩子的情况，还能掌握班级发展动态。

网课期间，师生线下工作停歇但思想工作不停歇。我多次举行线上家长会和班会，帮助学生和家长理顺亲子关系，指导家长如何关注学生学习；多次电话与学生本人和家长沟通，及时疏导学生的负面情绪，为学生打气鼓劲。

学生返校之后，我坚持防疫学习两不误，及时召开主题班会，帮助学生梳理如何防护；通过班会、主题活动和单独谈话让学生尽快调整状态，适应学校生活节奏，更新学习习惯；及时了解学生思想状况、心里想法，提前做工作，尽量降低负能量对学生学习生活产生的影响。学期末，学生顺利完成了选课，选了自己具有优势又喜欢的学科，对未来充满憧憬和信心，用更加昂扬的姿态迎接新学期、新挑战。

作为两个孩子的妈妈，我在工作之中有过疲惫不堪、有过焦头烂额，有时候更恨不得自己能长三头六臂，但更多的是感谢与感恩。感谢我的孩子们对妈妈的包容和支持；更感谢学生们的"淘气"，让我收获了更多的"实战"经验；感谢他们的"张扬"，让我们的班级收获更多的荣誉感；感谢他们的陪伴，让我的心态一直这么年轻。感谢我的 11 班让我一直坚守教育初心，获得更多的职业幸福感。

"不以规矩，不成方圆"主题班会

山东省青岛第六十六中学　王璐璐

【授课教师】	山东省青岛第六十六中学　王璐璐
【授课班级】	高一（3）班
【班会主题】	不以规矩，不成方圆
【主题分析】	无规矩不成方圆，对于刚入校的高一学生来说，学习各项"规则"是新生入学教育中必不可少的环节。通过本次主题班会，引导学生了解"规则"，认识"规则"的重要性；通过趣味活动深入学习《中小学生守则（2015 年修订）》、学校的各项规章制度，明确日常学习生活的规则底线，树立良好的规则意识，养成自觉遵守规则的良好习惯，学会为自己的行为负责。在此基础上，全体同学共同拟定建立《班级公约》，增强班级凝聚力，形成良好的班风学风。
【设计背景】	高中时期是学生自我意识迅速增长的时期，学生独立意识、个性意识逐渐增强。刚踏入高中校门的学生，对全新的学校、班级和周围的环境还没有全面的了解，对学校各项管理规章制度欠缺认识。

【设计背景】	通过学习《中小学生守则(2015年修订)》和各项规章制度,不仅可以让学生对新环境的认识越来越清晰,还可以帮助学生建立强大的理性智能和情感智能,提高学生自我教育、自我约束、自我管理的能力,保障高中紧张有序的学习生活,促进良好学风、校风的建设。 通过规则教育引导高一新生形成对规则的认同,树立对规则的信仰,将规则内化于心、外化于行。在《中小学生守则(2015年修订)》和校规校纪的引领下,学生尽快适应高中学习生活,养成自律的良好习惯,成为一名"文明有序、严谨求实""自律自主、求知求进"的六十六中人。
【教育目标】	趣味探究,学习《中小学生守则(2015年修订)》,加深对规则的认同。 小组展示,学习学校各项规章制度,明确规则底线。 交流合作,共同拟定班规,形成《班级公约》。
【班会准备】	提前印制下发纸质稿,课前学习《中小学生守则(2015年修订)》《青岛六十六中学生仪容仪表规范要求》《青岛六十六中学生手机管理规定》《青岛六十六中关于禁止学生购买外卖的管理规定》《青岛六十六中学生出勤管理规定》《青岛六十六中宿舍管理规定》《青岛六十六中跑操要求》等。 为避免班会的呆板、枯燥,设计活动——汉字趣解知文化、有奖问答,用生动活泼的形式承载严肃的内容,让学生更乐于接受。
【班会形式】	教师讲授法、小组讨论法、课堂展示法
【设计思路】	趣味探究学习《中小学生守则(2015年修订)》,同时了解其中蕴含的中华民族的传统美德,了解规则背后的价值内涵。在此基础上,学习学校各项规章制度,了解规则中蕴含的"文明有序、严谨求实"的校风和独特的六十六中校园制度文化。在学校制度文化的引领下,为进一步提升班级凝聚力,通过交流合作,打造独特的班级制度——拟定班规,形成具有个性化特色的班级制度文化——《班级公约》。
【班会流程】	**环节一:导入** 生活在这世界上,时时处处都有规则。面对规则,有的人遵守规则,享受规则带来的有序安宁生活;有的人抱怨它让人放不开手脚,限制了自己的自由;有的人对它不屑一顾⋯⋯你是如何看待规则的? 请思考: 什么是规则? 生活中为什么需要规则? 规则与自由的关系是怎样的?

【班会流程】	参考:规则,一般指由群众共同制定和公认或由代表人统一制定并通过的,由群体里的所有成员一起遵守的条例和章程。规则具有普遍性。另外,规则也指大自然的变化规律。自然学家认为,制定规则是为了避免人类在相互争夺中自我毁灭。规则是自由的保障。 【设计意图】通过设问,了解学生对规则的认识程度,引导学生联系生活经验初步认识规则的重要性,同时,进一步辩证思考"规则与自由"的关系,增强学生对规则的价值认同。 **环节二:汉字趣解** 《中小学生守则(2015年修订)》朗朗上口,贴近中小学生现实生活特点,受到教育界乃至整个社会广泛好评。其实《守则》也继承了中华民族的传统美德,我们就从传统美德的角度,来学习和践行《守则》。 **小活动:汉字趣解,学习《守则》** 1. 活动规则 （1）从《中小学生守则(2015年修订)》中找出任意一个字,来进行趣味解读。 （2）要解释出正能量。 （3）提示:查找繁体字可以给你更多的灵感和线索。 2. 举例 （1）守:"宀"是"屋"字,下面"寸"字即自己家的土地,方寸必争,也就是守,坚守。 （2）则:金钱后面一把刀,不义之财不要取,不义之事不要做,否则很危险,这是规则。 （3）廉:篆体,一只右手抓两把禾苗("兼"字),应该是丰收。但一定要有范围,你只能收自家的粮食,不能收别人家的粮食。"廉"字就是不能拿别人的东西。 3. 请结合《守则》全文,小组合作探究,选出一个字进行解读。(注意重点标注的字) 《中小学生守则(2015年修订)》 1. 爱党爱国爱人民。了解党史国情,珍视国家荣誉,热爱祖国,热爱人民,热爱中国共产党。(爱国爱民) 2. 好学多问肯钻研。上课专心听讲,积极发表见解,乐于科学探索,养成阅读习惯。(勤学探索)

	3. 勤劳笃行乐奉献。自己事自己做,主动分担家务,参与劳动实践,热心志愿服务。(勤劳奉献) 4. 明礼守法讲美德。遵守国法校纪,自觉礼让排队,保持公共卫生,爱护公共财物。(文明守法) 5. 孝亲尊师善待人。孝父母敬师长,爱集体助同学,虚心接受批评,学会合作共处。(孝悌虚心) 6. 诚实守信有担当。保持言行一致,不说谎不作弊,借东西及时还,做到知错就改。(诚信担当) 7. 自强自律健身心。坚持锻炼身体,乐观开朗向上,不吸烟不喝酒,文明绿色上网。(自律自强) 8. 珍爱生命保安全。红灯停绿灯行,防溺水不玩火,会自护懂求救,坚决远离毒品。(珍爱生命) 9. 勤俭节约护家园。不比吃喝穿戴,爱惜花草树木,节粮节水节电,低碳环保生活。(勤俭环保) 4. 学生分组讨论后解读 示例:"纪"字左边是绞丝旁,表示"丝",绳子,象征约束;右边是"自己"的"己"。"纪"字就是约束自己,不要违反道德准则。 【设计意图】单纯学习《中小学生守则(2015年修订)》会让学生感觉比较枯燥乏味,通过设计这样的趣味活动推动学生走进《守则》,学生会发现其中蕴含的大道理,会发现它是建立在传统文化和传统道德价值体系上的一套中小学生行为规范,具有很强的传承性,充分体现出中华民族的文化精髓和文化自信。 **环节三:知识问答,脑洞大开** 生活中处处时时有规则,正所谓"国有国法,家有家规",一个学校更要有规章制度。课前学习,知识问答。 **小活动:知识问答 PK 赛** 活动规则: (1)六个小组分别承担自主命题。 命题范围:《青岛六十六中学生仪容仪表规范要求》《青岛六十六中学生手机管理规定》《青岛六十六中关于禁止学生购买外卖的管理规定》《青岛六十六中学生出勤管理规定》《青岛六十六中宿舍管理规定》《青岛六十六中跑操要求》。 (2)命题分值:5*20 = 100 分。 (3)命题形式:选择或填空。 (4)小组 PK,总分前两名小组进行表彰。 **小活动:情景假设,脑洞大开** 规则,其实不是用来限制自己的,而是用来保护自己的。比如交通规则中要求不要闯红灯,这实际就是在保护行人。而违反交通规则就
【班会流程】	

	会大大增加交通事故的概率。对于个人来说,规则不仅仅是在保护我们,更是在成就我们。无论是《守则》,还是传统文化典籍,都是教人向善、向美,那么如果做不到这些道德准则的话,会有什么样的后果? 活动规则:下面是"脑洞大开"环节,就请同学们以"如果不……就会……"的句式来想一想不遵守学校的规章制度,会对一个人、一个团队乃至社会或国家产生什么样的可怕后果? 示例:如果考试不讲诚信,作弊者就会淘汰诚实者,勤奋和真才实学就会沦为笑话。没有人能够学到真本领,国家建设将会陷入危机:工程师就会造出豆腐渣工程,教师就会误人子弟,医生就会误治性命,最终每个人都会成为受害者。 请以小组为单位,将你们的想法写下来,与大家交流。 【设计意图】新入校的高一学生对学校的各项管理规章制度比较陌生,提前学习规章制度对他们进一步了解学校文化、更快适应高中学习生活起到了重要作用。如果还像平时老生常谈、教条式讲解,学生可能还会有厌烦、排斥感,通过知识问答和想象假设可以提高学生的参与积极性。
【班会流程】	**环节四:我的班规我做主——建立《班级公约》** 学生了解了规则的重要性,学习了《中学生准则》和学校的各项规章制度,规则已经了然于心。高一新生刚刚踏入高中校园,来到了一个新集体,大家对这个新班级一定有很高的期望,你们想让我们的班级成为一个什么样的班级? (学生代表回答)要想成为优秀的班集体,不能仅停留在口头上,要落实到行动上,那这就需要班规来监督、督促大家。每一位同学都代表了班级,每一位同学的存在都是班级的化身。因此,班规的制定需要每个人的参与,大家才是这个班级的主人。 形式:每小组选派两名代表,形成班级民主代表团。流程为民主调研——形成文字——讨论争辩——修订公示——民主投票。 提示:主要从课堂管理、日常学习、值日卫生、行为规范、宿舍纪律等方面呈现班规内容。 班会最终落脚点为制定《班级公约》,但由于多种原因(如不知道如何制定、以前都是班主任制定、耗费时间没有结果、学生提案被班主任否定),学生在制定班规上可能畏首畏尾。这需要班主任积极鼓励,消除顾虑,而且需要经过多轮"讨论"和"修订",最后在全班进行民主投票,才能最终敲定。 【设计意图】班主任制定班规,虽符合班主任意愿,却缺失了学生的信任度。让学生明白规则底线,自己制定班规,不仅提高了学生的信任度,还大大增强了学生自觉履行班规的自觉性,既有利于学生的

续表

【班会流程】	自我教育，又有利于集体教育，利于形成民主和谐的师生关系。班规的民主制定过程和执行过程，会使学生增强独立意识，态度更加主动积极，更富有创造性，这恰恰是建立良好班集体的基础。
【班会效果】	通过本次主题班会，学生们通过多种方式生动理解了规则的重要性，激发学习规则、遵守规则、践行规则的主动性和积极性，形成价值认同。结合班级特色和自身成长发展需求，小组合作共同拟定班规，制定出高一（3）班"班级公约"，以之作为班级文化的重要组成部分。 　　在"班级公约"上墙后，班级每周评选"守则之星"，在此基础上评选"守则月度人物"，学期末推选出班级"十大守则年度人物"，班级内进行颁奖和表彰。学生参与热情高涨，用榜样促进学风、营造优良班风，学生和家长对班级文化及管理认可度很高。

班级微信公众号对增强班级文化建设
的成效探究

山东省青岛第六十六中学　　刘敏

　　习近平总书记强调，要运用新媒体新技术使工作活起来，推动思想政治工作传统优势同信息技术高度融合，增强时代感和吸引力。信息融合背景下，班主任更要充分利用微信公众号等信息化教育教学平台，开展线上思想政治教育工作，激发学生利用新媒体建设班级文化的热情。

一、班级微信公众号助力班级文化建设的优势

（一）激发学生参与班级管理，增强班级凝聚力

　　班级微信公众号的运营包括内容选题、形式设计、编辑发送等。这些环节均由班级成员自主完成，班主任扮演指导者，充分给予学生自我锻炼的平台。学生是参与者和制作者，当他们看到自己的作品被认可发表后会增强其班级主人翁意识，主动参与班级管理，为班级发展出谋划策，推动学生自我管理落到实处。2019级3班公众号"敏行——3班宝藏地儿"，利用学生喜闻乐见的方式，展示班级故事，见证一起经历的美好。通过公众号，同学们一起感悟语言之美，

一起携手促进多元发展,领会班级团结之魂。值日班长在每周班会课集中展示上周微信公众号文章。通过展示与分享,学生们能够及时了解班集体的动态,强化对班级的认同感和归属感,进而增强班级凝聚力。在公众号的筹备与运营过程中,每位同学从关注到积极投稿,再到主动参与运营,都主动参与班级文化的构建,感受班级优秀文化的熏陶。

(二)创建多方联结新桥梁,促进家校协同育人

班级公众号通过线上文字交流增进了生生、师生之间的深入了解,它也是家庭与学校之间的重要纽带。同学们在学校和班级的日常点滴可以第一时间反馈给家长,拉近了师生、家校之间的距离。线上带动线下,双管齐下,真正打通了家校沟通的桥梁,从而实现由内而外、从上到下的家校优质合作。如家长们可以通过"每周小结""荣誉殿堂""学生风采""班级动态""家庭作业",第一时间了解孩子的学习动态、班级活动,能够较好地了解班级优秀案例,促使家长激励孩子,大大地提高了家校合作的效率。

(三)增强对班级的认同感,塑造正确价值观

信息化时代,构建起交流与对话的平台是最为有效的传播渠道之一。班级微信公众号这一平台是传递信息的窗口,是班级集体认同感的载体,是同学们情感和思想交流的纽带,是班级师生主人翁荣誉感的再现。2019级3班"敏行——3班宝藏地儿"公众号致力于记录同学们的日常点滴,展现班级成员青春风貌,推送班级活动信息。它注重思想价值引领,弘扬主流文化,积极传播班级文化,促使班级成员形成对班集体的认同感。"永不放弃的追逐——我们的运动会""我们的卓越表现""每月大事记"等学生原创作品对同学们的影响颇大,极大地增强了同学们的班级归属感和认同感,充分发挥了正确价值观的引领作用。

二、运用班级微信公众号建设班级文化的策略

班级文化具有强大的隐性力量,对班级成员的发展起着引导、熏陶等不可估量的教育功能。满足学生的心理需要,强化学生对集体的责任感,促进其优良品质的形成,都离不开优良的班级文化。因此,切实增强教育的实效性就要创新班级文化建设思路,健全运营管理机制,创新传播形式,增强公众号内容的精彩性和吸引力,推动班级优秀文化建设。

（一）健全日常管理机制，保持公众号旺盛的生命力

首先，注重班级微信公众号的队伍建设。从文字材料的搜集，到图文的编辑排版，做到形式多样、内容精彩，团队成员分工明确，高效协调开展工作。"敏行——3班宝藏地儿"制作团队共十人，两人一组负责一期，一名学生担任总策划，整体统筹，公众号主创团队群策群力，让公众号平台真正成为提升学生综合素养的重要阵地。

其次，健全班级微信公众号的推送机制。为保证班级微信公众号的内容如期推送，要做到以下几个方面：鼓励创新，从内容到形式，好想法都可加入推送；具体运营过程中，技术问题可询问技术负责人，内容方面咨询班主任，最后交给学生负责人、班主任审核。班主任要做好内容"把关人"，做好指导和审核把关工作，确保每期推文保质保量按时发送；还要对公众号主创人员大力支持与鼓励，及时宣传优秀作品，激发学生利用新媒体构建班级文化的热情。

（二）优化公众号内容，推动优秀班级文化的传播

为打造真正推动班级优秀文化建设的公众号，班主任需主动走进学生内心，选择贴近学生生活实际的题材，准确把握学生的情感所需、兴趣所向、认知方式，春风化雨，润物无声，实现以文育人、以文化人。以"敏行——3班宝藏地儿"为例，班级微信公众号的内容在经过多次讨论后，最终分为主题班会、班级之星、荣誉殿堂、班级活动、学习园地等几大板块。班主任还需要及时加强对公众号信息的监督和管理，避免因班级微信公众号多或由思想导向还不成熟学生自主运营导致不良信息在班级中传播。发现不良言论，班主任要第一时间更正，切实推动优秀班级文化的有序传播，打造良好班风、学风。

（三）引导家长参与班级管理，创建"家校互动"新局面

班级实质上是由学生、教师、家长构成的有机整体，是学生学习、生活的基本空间载体。学生、家长和教师之间的有效沟通交流是班级管理成功的关键因素。2019级3班是由内高班学生和青岛本地学生混合编班的班级，很多学生的家长远在异地，家长和班主任、任课老师之间的电话交流无法让家长全面了解学生在学校的表现。家长们订阅了班级微信公众号，就可以第一时间全方位了解学生在校学习和生活情况。家长不仅能看到文字、图片、视频等信息，还可以用留言和发表评论的方式参与到班级管理中来，这就形成了家校携手共创未来、助力学生成长的良好氛围。正如教育学苏霍姆林斯基所说："教育的效果取

决于学校和家庭教育的一致性。"利用班级微信公众平台,线上与线下深度融合,促使班级教育与家庭教育形成合力。

三、利用线上方式开展班级管理与文化建设的愿景

(一) 合理设置栏目,高效利用平台

为高效利用公众号开展班级工作,班主任要规划好各项工作,更加合理地设置栏目导航。如班主任可以利用班级微信公众号发起"班级管理建议"话题,引导家长和学生积极参与该话题,畅所欲言、献言献策,进一步优化班级管理。这种方式拉近了师生之间的关系,班主任也可以了解到更多有价值的班级管理策略。在寒暑假和周末还可以利用公众号投票功能,及时掌握学生的学习态度和学习情况。这在一定程度上也能让家长督促学生认真对待作业,促使学生高效完成假期任务。

(二) 开创多种形式,发挥线上优势

在新媒体时代,教师必须利用现代信息技术,转变教育方式,拓展教育资源和教育空间。公众号仅仅是一种手段,开展班级工作要充分发挥线上优势,开创多种教育和管理形式,比如假期充分依托云班课资源库,及时开展有针对性的专题教育活动;疫情防控背景下充分利用云班课资源,组织"翻转课堂"班会,线上线下教育相结合,使班会课变得生动活泼,更好地达成教育目标。但是在积极开展线上教育管理的同时,也应认识到,线上教育管理不能替代师生面对面的沟通。班主任要借助于信息融合创新,助推班级管理和文化建设创新,构筑线上线下同心圆,做到线上教育线下有根据,线下教育线上有呼应。

四、结语

班级微信公众号是一张亮丽的班级名片,它记录了学生在学校的点点滴滴和值得回忆的高光时刻,极大地增强了学生的荣誉感和班级的向心力,对学生的素养发展起到积极作用。在为班级建设特色文化的点滴行动中,学生逐渐成为有理想、有责任、有担当、愿奉献的人,班主任在德育实践中获得的职业幸福感也得以实现。在信息技术飞速发展的今天,应用现代化教育技术改造班级管理是现代教育的趋势和必然要求。班主任需要紧跟形势,不断开动脑筋,做到线上教育管理和线下教育管理相结合,应用现代信息技术改进学生管理工作,助推班级教育管理的信息化、科学化,开创班级管理和文化建设的新局面。

班级建设之规划

山东省青岛第十六中学　时甜甜

2019年，我第一次当班主任。在走马上任之前，我已经跟着班主任师傅学习了三年的带班经验，同时又向办公室其他班主任学习了不少带班技巧，但是毕竟没有实践经验。因此，在正式开启班主任工作之前，我对班级建设进行了规划。

我认为班级应该是一个团结合作、互相帮助、生生和谐、师生尊重、学习氛围浓厚、具有集体荣誉感、具有集体凝聚力的地方。鉴于此，我把集体凝聚力作为首要切入点，制定了以下班级目标：以军训、秋季运动会和"为祖国歌唱"合唱活动为契机，培养学生的集体凝聚力和集体荣誉感；入学成绩优秀的学生自觉起到学习带头作用，带动班级学习氛围，使班级整体成绩更上一层楼；团员学生在班级管理中以身作则，带动更多的学生参与到班级管理中来；打造团结合作、生生和谐的班风，以及互相帮助、你追我赶的学风。

班级目标确定之后，我按照目标制订了具体的班级计划。

一、班级组织建设

明确班委职责，相互协作，使班级的各项工作运转稳定。通过学生自荐的方式，确定初期的班委团队，试用期一个月。经过一个月的试用，由班委自荐或者班级同学推荐，重新确定班委人选。班委确定之初，我就强调"为同学们服务"是班委的第一要务，不能脱离同学，班委要全身心地为整个班级和同学服务，要将老师布置的各项任务落实到位，同时在军训、秋季运动会和合唱比赛中起到模范带头作用，增强班级凝聚力。每学期由班委讨论班级的建设目标和具体实施计划，并定期进行经验总结，调整班委的管理方向，同时在学期末总结具体实施计划的完成情况，为下一学期的规划提供经验和方向。

二、班级学风建设

营造一个积极向上的班级氛围，学风是关键。同学们来自不同的初中，学习习惯各有不同。同学们要快速树立新的学习观,确立学习目标,端正学习态度,提高学习效率。建立学习帮扶小组,努力在班级形成良好的学习风气,明确学习的重要性,开展一些有趣的学习活动,提高整个班级的学习成绩。根据学习的需要,定期开展学习经验分享活动,实现学习方法共享,让每个学生都不掉队。

三、班级内部建设

新班级成立之初,每位同学制定五条以上班规及奖惩措施,从中投票选出十条班规和五条奖惩措施,让人人都参与到班级建设中来。学生应严格遵守班规,班委和团员要起到模范带头作用。班委之间有矛盾,要及时避免矛盾升级、复杂化,班委之间自查,如解决不了再找班主任解决。同学对班委有意见,首先班委要自省反思是否工作不到位,其次再与同学积极沟通,营造良好的、生生和谐的班级氛围。

四、班级文化建设

打造硬笔、软笔书法作品文化墙,突出书法班特色;同时设立激励榜,展示学生良好的精神风貌,鼓励学生在学习、行为规范、日常表现中严格要求自己,积极争取优秀班集体称号。鼓励学生积极参加学校组织的各项活动,在集体活动中体会自我与集体的关系。班主任及时渗透德育工作,让学生在思想道德方面有所提升。

"人心齐,泰山移",班级建设就是把同学们凝聚在一起,让他们知道要一起相处三年,彼此之间是不可分割的,只有朝着一个方向前进才能取得最后的成功,才能发挥班级的最大作用。

班级管理策略探索

山东省青岛第六十六中学　杨冉冉

高中阶段是青少年确立正确的人生观、价值观的重要阶段。班主任要时刻意识到自己身上肩负的责任与使命。

一、班主任管理工作的重要意义

学生们进入高中，身上背负着学习的重任。班主任首先要做好日常的班级管理，这样才能为学生们提高学习成绩提供保障。其次，要培养他们养成良好的学习习惯和高中生应具备的优秀品质。最后，要落实立德树人的根本任务，帮助学生们树立正确的世界观、人生观、价值观，为社会主义培养人才。

二、班主任管理工作的具体实施

(一) 常规管理

制定班规。制度是约束学生规范其言行的有效手段。为使班级工作有条不紊，有序可循，班主任在新生入学时便组织学习《中学生日常行为规范》《中学生住宿生一日常规量化管理细则》，并根据班级内的实际情况，颁布具有本班特色的班级管理实施细则。如果违反了班级规定，犯错的同学根据班规进行相应的担责。尽可能使学生的思想和言行沿着制度所规定的轨道发展，从小事抓起，让学生养成良好的学习和行为习惯。

认识学校，设计班徽。为了让学生更好地了解学校生活，融入班集体活动，班主任可以带领学生们在课余时间学唱校歌并参观校史馆，以此来增强对学校的认同感。在班级内发布"班徽"征选海报，可以个人创作，也可以团队合作。同学们参与的热情非常高涨，也在最短的时间内使得同学彼此熟悉。最后，通过班级集体投票的方式选出班徽，每位同学进行佩戴。

开展社会志愿服务与实践活动。因为高中的学习任务比较繁重，所以班主任应合理利用时间，利用各项资源来开展社会志愿与服务活动。每一次活动前，安排学生撰写策划方案，在向学校报备并征得同意后，全班同学共同参与社会志愿服务与实践活动。通过集体慰问敬老院、参加环保活动、参观军舰等活动，每位同学都会收获颇丰。他们走进社会、了解社会，增强了社会责任心和为人民服务意识，也厚植了爱国主义情怀。

家校协同，共同管理学生。要想取得更好的教育效果，需要班主任与家长发挥协同作用。所以在班级成立之初，可以利用现代通信软件建立家长群，并根据家长报名意向或者个别沟通，组建家委会。如果出现一些情况，班主任就可以及时与家长们沟通和商议，有助于提升班级管理工作的质量。

（二）团队建设

人人都是班干部。开学之初会面临选班委的问题。班主任可以让学生们在报到前填写相关的调查问卷，提前了解在初中的情况。通过高一军训期间的表现，先选出临时班委。军训结束后，组织学生进行班干部岗位竞选，由全体学生无记名投票来产生为期一个月的实习班干部。为了让每位同学在班级内具有归属感，班干部的岗位设置要很广泛。除了熟悉的班长、团支书、纪律委员、体育委员、文娱委员、宣传委员，卫生委员等，还可以设置考勤委员、图书管理委员、安全委员、电脑管理员等职务，并开展各项岗位培训。一个月实习期结束后，正式进行述职竞选，选出本学期的班干部。只有实施了"人人有事做，人人有事管"，才能使班级管理高效运作。

组建学习小组，提高学习成绩。要抓好班级总体学习成绩，就要把转化学困生的工作作为重点来抓。学困生的主要问题是基础太差，缺乏动力，没有恒心，方法不当等。班主任可以利用班会课召开以"学习方法""目标管理"等为主题的班会，引导本班学生学会学习，注重把握学习方法，并加强与各科任课老师的沟通，组织成立薄弱科目加强学习小组，由专门的同学担任组长，家长参与监督。

（三）个体教育

注重观察，因材施教。在开学之初，班主任需要通过各种途径来了解学生的情况。如果在开学之初，就发现有学生"不同寻常"，就需要重点关注，必要的时候需要找该生进行单独交流。如果发现有心理异常的学生，一方面需要及时关注学生情绪，另一方面要及时与家长联系，了解其在家里的表现，共同寻找帮助学生解决问题的对策。

在一个班级内，总会有不服管教的学生。班主任一方面要理解他们，因为他们正处在青春期，容易产生叛逆心理，另一方面可以通过单独沟通、谈心、书信等方式，动之以情、晓之以理。如果还不能达到很好的教育效果，可以联系家长来共同解决学生的问题。

三、反思与总结

班主任不仅肩负着繁重的课程教学任务，还肩负着整个班级的德育任务。想要把班主任工作做好，首先要有仁爱之心，做学生的良师益友。只有让同学们感受到来自老师的爱，才能打开学生的心扉。

其次，要关注班级管理中的每一个细节。如果想要学生不迟到，老师首先便不能迟到。所以,要想让学生相信班主任,在学生心目中有威信,班主任在方方面面都要以身作则,用自己的行动感染学生。

最后,对学生要严格要求。学生不能染指甲、染头发、违规使用电子产品等。在原则性问题上,不能妥协。学生正处在青春期,所以在处理过程中,一定要讲究方式方法,寻找妥善的解决方式。

孟子说:"心之官则思,思则得之,不思则不得已。"班主任想要做好这项工作需要勤于思考,不断地提升自我。只有这样,才能更高效地管理好班级。

聚力：
凝聚团队
互助力量

依托"心理班会" 助力班级管理

——以"发现更好的自己"为例

山东省青岛第六十六中学　杨冉冉

随着社会的发展与进步，现阶段有的学生时不时会出现心理问题。班主任都希望尽自己最大的努力来帮助学生健康成长。为了达到更好的教育效果，可以利用班会课召开心理班会，来助力班级管理，促进学生们健康成长。

一、什么是"心理班会"

心理班会课是心理健康教育与德育教育融合的一种课程，将心理健康教育有机地融入日常的管理之中。和普通班会课相比，心理班会课往往会根据学生们目前所处的年龄阶段特点、经常遇到的困惑来召开，通过一些团体活动、心理小游戏来达到辅导团体学生的目的。

二、开展"心理班会"的原因

首先，在一个班级里有很多的学生，一名班主任需要同时关注几十名同学的发展。召开心理班会面向的是全体学生，受众广泛，可以一次性辅导具有同样类型问题的学生。如果班主任发现个别同学出现一些心理问题，就可以单独进行沟通、辅导。

其次，以往的班会课，往往是班主任的"一言堂"，针对一周内班级管理的问题直接反馈和评价。这样的班会课对于同学们来说缺少一定的吸引力。而心理班会课则会渗透心理健康教育理念，通过角色扮演、团体协作、心理小游戏、情景剧等心理教育方法来倾听学生们的心声，为学生们排忧解难。

最后，心理班会课的特点是需要全员参与，需要每一位同学的支持。这样的班会往往会起到增强班级凝聚力的效果，能够更好地建设良好的班级环境，助力班级管理。

三、心理班会实施的具体案例——以"发现更好的自己"为例（教学设计由青岛第六十六中学王欣欣老师提供）

【授课教师】	山东省青岛第六十六中学　杨冉冉
【授课班级】	高一俄语班
【班会主题】	发现更好的自己
【主题分析】	从小故事、小游戏中体会欣赏他人和被他人欣赏的感受,从别人欣赏的眼光中发现更好的自己,增强自信心。
【设计背景】	本堂班会课有三个层次的背景:时代背景、教育背景、学生背景。 　　**1. 时代背景** 　　青少年时期是一个人成长的关键时期。在现实的教育实践当中,学生自信心的培养没有得到人们充分的重视,缺乏自信心的学生比重较大。而随着社会的发展,越是缺乏自信的人越容易走入彷徨、无奈和痛苦之中。因此,懂得赏识自己,对自己充满自信越来越成为现代人不可或缺的一种基本素养。 　　**2. 教育背景** 　　对学生来说,对自我的赏识与肯定在相当大的程度上来源于比较崇信的人对他的评价。如果他们得到了来自家长、老师、同学的肯定,那么对于增强自信心是大有裨益的。 　　**3. 学生背景** 　　本次班会的对象是我校俄语班的学生,他们将来都要走出国门,前往俄罗斯留学。自信心是人际交往的需要,只有勇敢地去和别人沟通交流,留学之路才会走得更加顺畅。因此,对他们增强赏识与自信心教育就显得特别重要。 　　基于以上三个背景,我决定召开一堂题为"发现更好的自己"的主题班会,愿学生们能够增强自信心、健康成长。
【教育目标】	体会发现他人身上优点的重要性,初步学会发现他人身上的优点; 体验赞美他人和被他人赞美时的心理感受; 真心地赞美身边某一位同学; 从别人的赞美中发现更好的自己,从而增强自信心。
【班会准备】	赏识卡。
【班会形式】	教师讲授法、小组讨论法、课堂展示法。

续表

【设计思路】	本节课以卡耐基的故事为切入点，引导同学们认识到赏识他人、赞美他人的重要性。紧接着在小组内开展"赏识他人"的游戏，诚恳地说出组内同学的优点，再将游戏规则拓展到全班范围内进行。层层深入，让班级的每一位同学都能参与其中并获得来自同学的肯定。最后由教师进行总结赏识他人、赞美他人的小技巧，并让同学们完成赏识卡，张贴在赏识榜上。让课堂效果得到充分的延伸，从而达到更好的教育目的。
【班会流程】	**一、导入（五分钟）** 有一次，卡耐基去纽约一家邮局寄信，发现那位负责挂号的新职员对自己的工作很不耐烦，便下决心使他快乐起来。于是，他开始寻找这位职员值得欣赏的地方。轮到卡耐基发信时，他双眼注视着那位职员，很诚恳地对他说："你的头发太漂亮了。"那位职员抬起头来，惊讶地看看卡耐基，脸上露出一丝微笑。于是他便和卡耐基愉快地交谈起来。走出邮局后，有人问卡耐基为什么那样做。卡耐基说："什么也不为。如果我们总想从别人那里得到什么，而不愿意为别人付出一句赞美，给别人带来一点快乐，那就无法让别人感到我们的真诚。如果一定要说我要得到什么的话，那就是一种无价的东西，一种永远给我们带来满足感的东西。" 【设计意图】以卡耐基的小故事为导入，让同学们体会到欣赏他人的必要性，从而引入本节课的主题。 **二、游戏体验与分享——红色轰炸（十五分钟）** 游戏要求： 真诚地、发自内心地说出别人确实存在的优点；赞美别人时注意观察别人脸上的表情变化；如果有同学违反规则，就要接受惩罚（帮需要赞美的这位同学做一次值日）。 **第一轮：小组轰炸** 前后四至六人为一个小组，从某一位同学开始，其他同学认真、诚恳地讲出他的优点。 例：某某同学，你是个贴心的女孩，记得上次我身体不舒服，最先发现并且及时给予我帮助的人就是你，当时我觉得十分温暖，谢谢你的细心和关心！ **第二轮：随机轰炸** 随机点一位同学，请他任意点一名同学，以"我很欣赏你，因为你很……"说出对方令自己欣赏的地方，被叫起的同学直接点下一位同学，不能点之前已经被叫过的同学。 教师随机提问：赞扬你的同学是你很好的朋友吗？当你被他赞扬的时候感觉怎么样？刚才你赞扬的同学是平时很了解的朋友吗？当你赞扬他时，有什么样的感受？你觉得他的表情有什么样的变化？

	要求：以第二人称开始，必须说优点。
	【设计意图】通过同学们互相赞美，增强自信心。通过两轮的比较，让同学们发现平时很少赞美不仅因为羞于表达，还因为没有去挖掘别人的优点，没有把关注力放在更多人身上，而是局限于自己的小圈子。
	### 三、赞美小技巧（十分钟）
	同学们可以通过刚才的红色轰炸活动，谈谈自己赞美别人和被别人赞美后的感受，还可以谈谈自己赞美别人时的小技巧。
	教师总结赞美的技巧：
	态度要真诚：不能无中生有，要实事求是，不能给人虚假的感觉。
	表情要适中：表情是要根据赞美当时的情景，不要过于夸张，也不要过于冷淡。
	赞美要具体：赞美别人的时候要越具体越好。
	方式要恰当：要根据被赞美者的年龄、性格特点、爱好来进行赞美。
	赞美要及时：当他人需要赞美的时候要及时给予赞美。
	动机要纯粹：不能在赞美他人之后再去向他人索取，即不能有目的性地去赞美别人。
【班会流程】	【设计意图】同学们自己总结赞美的小技巧并学以致用，提高学生的内在品质。
	### 四、互送赏识卡（五分钟）
	分发赏识卡，同学们可以选择匿名或不匿名写给自己的好朋友或者其他同学，甚至是平时有过节的同学。内容主要围绕欣赏别人的优点，也可写一些自己的悄悄话。
	保证信件的保密性，只有老师会看到，如果不想让老师看到也可以自己亲手交给那位同学。
	在班级内设计赏识榜，将同学们的赏识卡贴在上面，让同学们自己寻找。
	【设计意图】张贴赏识卡能够激发学生热情，用热情激活学生的潜能和自信心，促进学生的健康成长，营造和谐的班级氛围，助力班级管理。
	教师结束语：
	在心理学上有一个非常有名的"周哈里窗"模式。公开我：大家都知道的，比如说我今天穿的是黄色的棉衣；隐藏我：我知道你不知道的，比如说我的隐私；盲目我：你知道我不知道的，就像刚刚有的同学轰炸其他同学，而被轰炸的同学却没有意识到的自己的那部分优点；潜能我：我们大家都不知道的，比如说丑小鸭，大家刚开始的时候都不知道它能变成天鹅，我们也是一样，没有人能预言我们的未来。

【班会流程】	我们可以看到,在我们每位同学的身上都有着闪闪发光的亮点。所以我们要对自己充满自信。自信是一种无坚不摧的力量,当你坚信自己能成功时,你必成功。也许以后的人生路途上沼泽遍地,荆棘丛生;也许追求的风景总是山重水复,不见柳暗花明;也许未来留学的路上艰难险境,困难重重。但请你记住,你是多么优秀的你,一定可以突破艰难困境,取得成功。
【班会效果】	在班会上同学们一开始比较腼腆,后来就变得非常活跃,毫不吝啬自己的赞美。尤其是一些学困生收到了来自同学们的赞美,脸上露出了羞怯与喜悦的表情,绽放了笑容。相信他们的内心受到了很大的触动。还有的同学站起来赞美老师,生生互动,师生互动,气氛高涨。下课后,同学们积极填写赏识卡,并张贴在赏识榜。

四、反思与总结

　　通过这样的心理班会活动,同学们的关系明显变得更加融洽了,也增强了班级的向心力。每一位学生都是一朵待放的花苞,心理班会课能够及时有效地发现问题并解决一些问题,滋养心灵,起到润物细无声的教育效果。但班主任毕竟不是专业的心理老师,还需要多进行心理学方面的学习,并应用于实践。只有这样才能教育无痕,花开有声,助力班级的管理。

高中班级管理策略

山东省青岛西海岸新区胶南第一高级中学　李明强

　　教育的真谛,在于"以仁爱之心点燃希望之火,以信任之剑斩断心灵枷锁,以唤醒之手开启知识大门"。教育管理的过程是将知识转化成智慧、使文明积淀成人格的过程;教育管理的终结,就是培养具有高度智慧和高尚人格的人才。

　　绿色管理。我们可以从环境的角度来理解它,它是班级特定条件下的生态环境。班级的绿色管理是班级管理工作的理想境界,它强调人文情感、人文精神、平衡理念、规则理念,创造出"无污染""无公害"的管理环境。班级的绿色管理,说到底就是要求班主任用理性的思维去思考、把握学生个性化的学习事件,在关乎学生成长和发展的所有方面,使师生形成必要的教育同构性。绿色管理倡导人性的释放,班级作为实施学校管理的主阵地,班主任要为学生提供既宽松又有利于他们发展的土壤和环境,使他们的优点尽可能地发挥到极致。

学习型班级。学习型班级的班主任能够立足于各个学生的教学与管理工作,化解学生的缺点和学习疑点,并充分挖掘学生的闪光点,引导学生分析自己的潜在优势或帮助寻找适合于他的学习方法;能关注和满足学生的学习需求,不失时机地开发学生的学习力,指导学生进入正确的学习过程,使班级成为一个学习共同体。这样,学生在学习型班级中逐渐获得心灵境界的提升,活出了个体生命的意义,班级也在集体的智慧与活动中不断超越。

要实现绿色管理和学习型班级的愿望,需要通过以下几个途径。

组建一支强有力的班委会队伍,放权让位,但不放手。班委会要尽可能集中本班优秀人才,并注意其才干、气质、个性以及性别结构,形成优势互补,致力于团结奋斗,业精图治,力求达到整体大于部分之和的效果。我是通过组织一场关于"如何看待高中学习"的演讲找出善于表达、敢于管理、心思缜密的一部分学生组成班委的。在班委形成初期对他们进行培训,严格要求,观察他们的管理效果,同时不断调整班委成员。我充分信任他们,放权让他们大胆干,同时注意培养他们,给他们树立威信,让同学们信服他们,愿意听他们指挥。我对他们的过失及时予以纠正,让他们快速地成长起来,最终形成了以班长朱颖为中心的管理团队。朱颖针对政治课代表的消极行为,进行积极干预,通过努力形成了一支积极的课代表团队。体育委员有一次让一个跑操步伐不好的同学跑圈,虽然被罚的同学很不情愿,但仍然跑了下来。在班会上我对体育委员表扬了一番,表扬他工作认真、敢于管理。对于被罚的学生我也表扬了一番,表扬他有服从的精神。有了这件事情,班级的班委敢管了,学生也能够自觉服从班委的管理。

班级内学生互动交流,加强合作促进团结。高中学习生活单调,我在班内组织掰手腕大赛,分出宿舍高手、男女高手。他们在活动中抛弃同学之间的生活小矛盾,释放学习的压力,加强了团结,提高了在校学习的热情。我还在放假的时候让他们回家做一个拿手菜,拍照上传到班级的 QQ 空间。他们在互相评判谁的菜有色泽、谁的菜有营养的时候,慢慢地学会了做饭,也体会到了父母每天给他们做饭的不易。通过活动,学生的才能得到了展示,交往的品质、活动的能力得到了提高,积极进取、团结协作、顽强拼搏的精神得到了培养。学生喜欢班级、热爱班级,班级成了他们健康成长的乐园。

通过演讲锻炼学生的表达能力。每周三个同学上台演讲,一个学期下来全班同学都登上了讲台。通过这样一个活动,每个学生都得到了锻炼。而且他们演讲的一个个主题都教育了学生,远比我唱独角戏的班会效果要好。

日记传真情。高中生学习压力大,心理浮动大,如果不能及时疏导堵在内心的疙瘩,那么处在青春期的他们轻则厌学,重则逃学、离家出走。因此,班主任加强与学生的沟通显得尤为重要,而高中繁重的教学压力和晚辅导、周末辅导课占据了班主任很大一部分时间,学生时间也很紧,我们不可能遍地撒网,只能有重点地加强疏导。因此,每周日记的优势就凸显出来了。通过日记我可以了解学生关心的事、学生议论的事、学生有哪些心理波动。通过日记我可以实现和他们一对一的交流,也可以与那些不善于交流的学生在心灵上沟通。对出现问题比较大的学生重点单独交流,把问题消灭在萌芽之中。班主任也可以把发现的问题在班会上加以引导,或表扬或批评。

"三分制度管理,七分感情管理。"唯有做到宽严适度,爱与严统一,方能有效地培养学生良好的思想品德和行为习惯。我坚信,只要我们用一颗真诚关爱的心去开启不同学生心房的门锁,定能给学生捎去和煦的春风,给班级带来亮丽的风景。

主题班会初体验　绝知此事要躬行

山东省青岛第六十六中学　高婷

上好班会课是一个合格班主任的基本要求,打造优秀的主题班会更是每个班主任都应该具备的能力。为了能进一步完善自己,我勇敢地承担了学校教育年会的班会展示课工作。说实话,刚接到任务时,我的心里是直打鼓的。然而在准备过程中我才发现,调整个人状态只是开始的小细节,后面准备过程的每一步对我来说都是大挑战!虽然觉得有些难,但不试一试又怎么知道自己做不到呢?这既是挑战,更是机遇。

一、直面自我，迎接挑战

1. 挑战一：确立主题

在我的理解中，"主题班会"四个字中最主要的就是"主题"二字。精准的主题对于整节班会课的展开有着重要的导向和推动作用。主题贯穿班会始终，主题和班会活动就像是针与线的关系，主题紧紧串联起各个活动，每个活动在主题的指导下目标指向更加明确，更能够与学生共鸣、共情。

在确定主题这一问题上，一开始我是毫无头绪的。我在网上搜索，优秀的主题班会太多，反而不知道自己要什么了。于是我向成老师求助，成老师给我的意见就是要突出班级特色，有针对性地进行选题。

最后我定下的主题为"青春舞动·班训有方"。我的班级集中了全年级学习啦啦操的学生，"舞动的青春"是他们闪亮的标签。受学校"四自教育"启发，我们成立了班级学生自管会。虽然我们有班规、小组公约、自管会管理细则，但还是缺乏班级管理的核心内容——班训。

在学农期间，我们使用基地"5S管理教室"作为自习室，同学们做题、背诵、看书，有条不紊。"5S管理标准"的五组词就张贴在教室里最显眼的位置上，一进门就映入眼帘。这些标准像悬在头上的准绳，时刻提醒学生要将标准牢记心中，规范自己的行为举止。这对我触动非常大，我希望制定一个类似的管理标准来更好地规范班级行为。我把想法与成老师交流，成老师肯定了我的意见，鼓励我开始着手准备。经过思考，我决定将本次班会交由自管会来组织进行，学生参与制定自己要遵循的班训，这对学生们来说会是有参与、有收获、有成长的一次班会活动。

2. 挑战二：发动学生

主题班会课是指在班主任的主导下，由学生组织开展的、以学生为主体的、围绕特定的主题展开的德育课程。参考孙娜老师"感恩"主题班会的组织形式，我决定发动自管会和全体同学进行协调、组织。在这个过程中，班主任起主导作用，学生起主体作用。

基于这些考虑，我与自管会成员们一起讨论、研究，梳理整个班会流程安排，个别环节的设置也采纳了学生的意见。因为是为自己拟定班训，所以学生们对这次班会十分重视。在不影响学生学习、训练和演出的时间，我和自管会的主席团、副班主任开过几次会，元旦期间，我们通过线上会议继续讨论。当所有学生都积极起来，都自发自主地为班级建设出一份力时，这就是潜移默化的德育教育，润物细无声。

3.挑战三：深挖内涵

班训这个主题跟班集体的每一员都息息相关。认真研究主题，要深入挖掘班级管理的内核，并通过实践发现在内核外的相关辐射内容，通过对外放部分的严格管理，加强对核心部分的优化，以达到精细管理、有效管理的良好效果，所以我找来许多论文和优秀案例进行学习。感谢工作室兰兰老师的倾囊相授，给了我很多启发。要引导学生对主题内涵进行深入理解，浅显的理解说明学生对主题没有深入思考，自然也不能达到主题班会课德育的最佳效果。

4.挑战四：聚焦细节

成老师和工作室的小伙伴们热心地为我出谋划策。成老师指导我，从班会环节的设置、每一步的设计意图，到上课的教室布置、班级文化展示等方方面面都要考虑在内。细节处见真章。

（1）细节一：语言表达。

这不仅要求我要注意上课时的用词用语，同时主持人和发言同学也要注意自己的表达方式和表达内容。要语言清晰、声音洪亮、不急不缓，既能把自己想的表达出来，也能让听众很好地理解自己的意图。

（2）细节二：课件展示。

主题班会课的课件要突出主题，字体、色彩、配图选择等要能够体现这次班会的整体格调，不跳脱。为更好地突出班级特色，成老师建议我在课前准备班级展示的视频，一是调动学生的积极性，二是体现独特的班级文化。

（3）细节三：教室整理。

我选择在自己的教室里上课，这样学生会更加放松，更容易投入。班级墙面的班级合影、专业海报，后黑板的个人目标、班级荣誉，讲台一侧的冠军奖杯……这些有形的物体为班级文化输出和情感渲染提供了无形的帮助。我喜欢我们的教室，孩子们也喜欢，希望通过这次机会，把心爱的教室整理得干干净净，欢迎各位老师。也有种打开家门迎接新年来串门的客人的感觉，我们的共同归属感也会更强，对班级凝聚力的进一步巩固也起到了作用。

二、完善自我，且行且思

尽管有各位前辈和小伙伴的帮助，班会依然存在很多问题。我自己也进行了及时的反思。

1. 话题讨论应在可控范围内

本次班会的主题是拟定班训。虽然前期我们从全国各大名校、名班的校训和班训中找了几十个候选词,方便学生选择讨论,每组学生对自己选的词进行了解释,但不同同学对于同一个词的理解可能也不一样。如果没有足够的时间让学生进行讨论,词语背后的深刻意义和传递的核心信息不能得到充分表达。学生的思维在碰撞中会产生许多惊喜的火花,只有花时间让学生进行展示、表达,学生们才能对词语有真正的理解,词语本身也能真正触动到学生,给学生以启迪。

但在展示课的课堂上不宜也不易展开过多的讨论、辩论。一是学生天马行空的想法不容易掌控;二是上课时间所限,想法也不能进行充分表达。这样一来,班训大讨论难免有隔靴搔痒之感。因此,在主题的选择上,还应该考虑得更加周全,应选择较易掌控且分歧度较小的话题进行展开。比如班训中的"自律",可以就何为自律、如何自律、自律有何优势等展开讨论。

2. 教师和学生在活动中的比重

本节班会课由自管会的学生主持,组织学生进行发言、讨论和展示。班主任在开头进行话题的引入,参与过程性讨论,并在结尾处进行总结点评,展示任务相对较少。但班会课始终应该是班主任的主阵地,如何平衡教师和学生在班会活动中的比重呢?我想应该是要根据不同的班会课主题和类型来进行选择。比如活动型班会可以由学生占比重更多些,但遇到需要输入更多的主题时,教师就可以更多地进行展示和主导,以引发学生更深层次的思考和共鸣。

3. 活动细节需周全考虑

在此次班会中,学生要用写好目标的便利贴在板子上拼贴出"十五"的图案。最后的效果应该是很好,但由于对这一环节的考虑欠妥当,我并没有提前试验便利贴的粘贴程度,没有考虑到实际效果,所以导致了在课堂呈现时,学生的便利贴不够黏,根本没有办法很贴合地粘在板上,一边贴一边掉。这次经历提醒我在以后的实践中,只要是有类似的道具使用,都必须要提前试一下,要预设问题,并且及时想出调整或者解决方法。

三、超越自我,乘风破浪

这次主题班会是我职业生涯中一次全新的尝试,之前读过的、学过的理论知识、书本上看来的班会课范例都只是经验,自己是否真的学到了还要亲身试一试才行。

这节课的准备过程倾注了学校领导、老师的关心爱护,成老师等资深班主任的耐心指导,工作室小伙伴们的热心帮助,也离不开高二(15)班全体同学的齐心协力,当然还有我自己的诚心向学。感谢这次班会课展示,让我能有机会挑战自我,超越自我。我将更加勇敢地面对挑战,在成长的路上,全力以赴,脚踏实地,乘风破浪,扬帆远航!

"青春舞动　班训有方"主题班会

山东省青岛第六十六中学　高婷

【授课教师】	山东省青岛第六十六中学　高婷
【授课班级】	高二(15)班
【班会主题】	青春舞动 班训有方
【主题分析】	班训是全班共同遵守的基本行为准则与道德规范,一个班集体的良性发展需要正确的班训来统领。因此,确定适合班级特点的班训是指导班级工作有序开展的重要环节。 由班级学生自管会成员组织讨论,也突出了学生在班级生活中的主体地位,体现了班级民主管理的要求。
【设计背景】	对于班级管理,我们常说:没有规矩,不成方圆。规矩,就是整个班级为人处事的行为准则。对于一个班集体来说,规矩就是班训。 在开学初期,为保障班级事务的正常运行,在学校"四自教育"的影响引领下,我们成立了班级学生自管会,由主席团成员聘任同学任副班主任及其他部门负责人,并制定《自管会管理细则》。在自管会成员的共同努力下,班级的各项工作正常进行,但《自管会管理细则》中的一些漏洞也逐渐暴露出来。 高二(15)班学生性格外向,热情积极。三十七个人的班集体时而像火焰,迸发出青春的火花;时而像群鸟,交流着各自的心声。这就给班级纪律、卫生等方面的管理带来了不小的难度。 我们要用发展的眼光看待变化发展的学生和班集体。因此,经过了四个月的熟悉和磨合,生生之间、师生之间都有了更进一步的了解,对整个班级的发展也有了更加明确的定位。所以此时进行制定班训

【设计背景】	的讨论,不论是自管会还是同学都应该有更加清楚的认识,也能够在今后的学习生活中更好地自觉遵守共同制定出来的行为准则,同时也可以依据班训,将《自管会管理细则》重新进行调整,以更好地适应班级现状。
【教育目标】	通过班级学生自管会的组织和协调,激发学生作为班级主人公的身份认同感; 通过对班级现状的反思和讨论,引导学生对班级整体发展规划进行深度思考; 通过对班训的选择和制定,坚定全体同学努力完善自己、完善班级建设的决心。
【班会准备】	自管会学习"5S管理标准",并制作课件,方便同学理解; 将全班同学座位排成围坐式; 准备各组展示用便利贴、白纸和马克笔; 收集近期班内出现的不文明现象的影像资料; 制作课前展示视频。
【班会形式】	主题漫谈、讨论和展示。
【设计思路】	本节课以学农时自习室悬挂"5S管理标准"为切入点,联想到班级发展现状(出现卫生和纪律问题的反复),借助班级学生自管会的力量,引导学生通过自主讨论,总结得出能在全班内达成共识并可以指导今后发展的班训。这样既是为今后班集体发展确定基调,同时也充分发挥学生的聪明才智,以"自治"代替"他治",真正实现学生"以班为家"的民主管理。
【班会流程】	**一、导入** 班主任:同学们,下午好!在正式班会开始之前,我们先来看几组照片。(前情提要——展示之前班级不良现象的照片) 咱们班最开始的时候有许多不尽如人意的地方。为了改变这种状况,在学校"四自教育"精神的指导引领下,我们成立了班级学生自管会。(展示自管会照片)通过自管会十几位同学的共同努力,我们的班级卫生、纪律、环境都有了很大的改善,不良现象也基本消失。 在上个月的学农中,我们在自习室的早晚自习纪律更是达到了新高度,安静、整洁、有序(展示学农自习室照片)。可自从学农回来后,教室里的问题又有了反复的迹象。(展示现状照片)这是为什么呢? 今天,就由我们的班级学生自管会带领大家一起说说问题,找找答案。有请副班主任杨琪、于璐。 【设计意图】以刚结束的学农期间自习经历为导入,能够让学生尽快进入设定情境,回想起那一周早晚自习的安静氛围,体会到良好

【班会流程】	管理制度带来的益处,明确本次班会的主题。 通过对班级学生自管会的介绍,引出主题"青春舞动 班训有方",将班会转入"自管会时间"。 **二、讨论及展示** **1. 抛砖引玉** 主持人:我们在学农基地的自习室中度过了有意义的五天。可我们回到学校后,却出现了这样的画面。怎样才能减少或者杜绝这些现象,让班里多一些秩序,少一些混乱呢? (学生自由发言) 主持人:把刚才大家的观点总结出来,其实就是我们常说的"没有规矩,不成方圆"。 不知大家有没有注意到,咱们学农自习室的墙上有一排大字,那是"5S 管理标准"。这些是标准,也是导向。我相信正是这些醒目的红字影响了大家,为我们营造出一个良好的学习环境。 下面有请于璐为我们讲解到底什么是"5S 管理标准"。 【设计意图】通过现象发现问题,透过观察现象才能上升至本质。不良现象的背后一定隐藏着原因。这也是为什么我们要对班级发展目标进行准确定位和整体规范。 利用这种学生熟悉的知识探索方式,学生们也能比较容易接受班训的讨论方式。 **2. 博采众长** 于璐向大家介绍"5S 管理标准"及其在多种管理场合的应用和优点,以及在不同领域的发展延伸。 介绍校训、队训,补充更多的校训和班训,向大家介绍班训应该具备的特点、格式等,引入对班训制定的讨论。 【设计意图】通过了解"5S 管理标准"的内容,学生们可以加深对于标准、规则制定的重要性的理解。通过了解班训的概念,学生们也能够清楚认识到要改善班级现在的不良现状,制定切实准确的班训是必须的一步,从而明确自己的责任。 **3. 集思广益** 屏幕展示候选词。共十八个词,每个类别六个词。 候选词共分为三大类,分别是德育素养层面、智育素养层面和美育素养层面。 德:自强、自信、自律、自主、厚德、修德、求实、求是、笃行、敦行、勤奋、奋进、拼搏、进取、弘毅、勇毅、坚卓。 智:乐学、博学、励学、勤学、善思、睿思、博识、明辨、拓新。 美:惜时、博爱、奉献、明礼、诚信、勤俭、勤勉、友善、文明。

【班会流程】	主持人:屏幕上现在展示的是我们这次班训的候选词。这些候选词是自管会经过多方搜集,认真筛选出来的。我们精心挑选了各个大学、中学的校训、班训作为参考,希望能为咱们班训的制定提供更全面的选择空间。 各个小组需要从每一个类别中选取一个作为班训的候选词。请大家认真思考、积极讨论,稍后说说选择这些词的理由。 主持人:讨论结束后,请组长安排,将各组选出的班训候选词写在纸上,贴到靠窗侧黑板上,依次进行展示和阐述。之后我们再来选一选最适合我们班的候选词。 请各组开始讨论。 【设计意图】在这一环节,学生通过前期对班训、规则标准的了解,加之对班级发展的期待和自身能够做到的程度等因素的考虑,既能参与到班级管理中,又能讨论得出班训,体现了学生对班级的"自治"。 **4. 各抒己见** 主持人:好,讨论到此结束。大家都讨论得很起劲,应该是碰撞出了许多精彩的思维火花!下面请第一组同学上台展示,大家欢迎! (六个小组依次进行展示) 主持人:感谢六个小组的精彩展示!通过大家的讲解,我发现我们对这些词语有了更深刻的认识。 (如果有重合的词)刚才有同学已经发现了,有几个组的选词出现了重合,(读出这些词)这就说明这些词在大家心中是能够得到比较一致的认可的。那我们就先就这个词表决一下吧。同意其成为我们的班训的同学请为它点赞!(大多数点赞即为通过) (如果没有重合的词)下面我们就三个类别的选词分别进行表决吧。第一类,德育方面,这几个词当中,大家认为哪个词更适合成为我们的班训呢?(捕捉到呼声最高的词)好,那我们就这个词能否成为我们的班训进行表决,请同意的同学为它点赞!(大多数点赞即为通过) (每选出一个词就在词的后面贴上一朵小红花,于璐在纸上进行书写展示) (三类选词依次进行表决,最终得到最后的三个词) 主持人:刚才我们看其他学校的校训和班训,大多是四个词、八个字的结构,我们现在只选出了三个词共六个字,看来还不是很完整。有没有同学还想要补充的? (同学进行补充发言。有就说,写在黑板上,没有就班主任补充。) 班主任:我有一个词,说出来大家参考一下,叫作"竞攀"。这是借鉴了上海体育学院的校训,上体也是我们的目标院校之一。"竞攀"

	是由两个体育特色鲜明的单字组合而成的。"竞"有竞赛、竞争的意思,竞赛是竞技体育中不可或缺的元素;"攀"代表攀登向上,象征着永不言败、勇攀高峰的体育精神。"竞攀"是体育人的专业精神的写照,不断挑战体育运动极限,寓意体育乃至人生是一个曲折向上的理想和追求过程,同时也蕴涵以团体为特征的共同奋斗之意。 主持人:竞攀,这两个字恰好也契合我们的啦啦操精神:奋力拼搏,永不言败!高老师讲得太好了!那让我们进行表决吧! (如果有两个及以上参考词就点赞通过,如果没有就全体通过这个词。) 主持人:现在,我们已经选好了四个词,这四个词的组合就是我们的班训!(于璐将写好的班训贴在黑板靠门一侧) 同学们,不知你们有没有发现什么?这四个词代表了我们高中生德、智、体、美和劳全面发展的要求。这是我们的班训,同样也是我们今后发展的方向和指引! 班主任:我提议,让我们为自己鼓鼓掌!我为大家感到骄傲! 主持人:我们会像学农基地的"5S 管理教室"那样,将我们的班训张贴在墙上,一抬头就能看得到,它们时时刻刻都提醒着我们,激励着我们。我们还会将班训写在我们 ACE 班的微信公众号上,并通过班级抖音号向大家公布。希望大家看到这些词,就能想到我们高二(15)班!(同时展示微信公众号和抖音号截图画面) 【设计意图】班训是一个班全体成员共同意愿的集中体现,如果班级成员能够自己选择自己认同的班训,相信在接下来的细则制定和班级事务运行中,学生的主动性和积极性能够得到比较充分的调动,学生对于班集体的认同感和归属感也会随之增强。 5. 提升总结 主持人:我都迫不及待地想看看班训上墙的样子了! 有了全新的班训,我们就要在班训的指引下尽快调整自己,做出改变。改变不是明天,就在现在! (观看视频——《Just today》) 刚才同学们看视频十分投入,想必都对视频中的话和场面有所触动。我们也是从事体育训练的,所以更加能够感同身受,产生共鸣。接下来,请几位同学谈谈感想。 (找同学说说感想) 感谢同学们的分享! 所谓一分耕耘,一分收获,没有付出哪有回报?只要我们转变心态,积极主动地去对待身边的每一件事,一定会有新收获! 从现在开始改变,意味着要抛弃原有安于现状的状态,更需要的是改造自身的勇气。现在我们已经拟定了班训,我想所谓的改变就是

【班会流程】

【班会流程】	依据班训,重新定位自己,认清自我,刻苦学习,努力训练。 新的一年要对自己有新的定位。相信在班训的影响下,同学们各自也有了新的目标。接下来就请同学们写下各自的新年目标,让新的一年的自己更有动力、更精彩。 请同学们写下自己的新年目标。 (音乐起,大约三分钟) 请各个小组同学依次到前面粘贴自己的新年目标。 【设计意图】学生们选出的班训虽然是他们能够遵守和执行的,但缺乏整体性和理论高度。班会课后邀请资深班主任及学校相关领导对初拟定的班训进行点评,及时指出不足和待改进之处,能让学生第一时间明白正确的拟定方向,也能让学生明确班训的重要意义。 三、总结 主持人:下面有请班主任。 (班主任拿着目标展板走到讲台前,随机读两个同学的新年目标——与班训相关) 班主任:大家写得真好!你们看,(拿出自己的新年目标)我也有新年目标啊!希望我们的目标都能实现!(贴在展板中间,向大家示意,将展板放到一侧) 今天我就已经实现了第一个目标:我们班制定出了自己的班训!下面我要邀请副班主任杨琪,我们一起郑重写下我们的班训! (在屏幕共同书写班训) 班主任发言。 【设计意图】班主任结合班级情况特点和现阶段的学习任务,对本次班会进行总结,要肯定自管会成员的布置周全,也要表扬同学们的积极参与,同时还要感谢学校领导对班级工作的大力支持。 在班会结尾处进行总结,明确班会的中心意图:全班总动员,班训大讨论。让学生都有"主人翁"意识,也明确在集体中,有制度约束的生活、行为才是有意义的,利于发展的。 教师结束语: 我很高兴能够与大家共同见证班训的诞生。各个小组前期进行了充分的材料搜集与论证,今天在全体同学的参与下,我们讨论出了符合班级特点的班训。 我们不仅要牢记班训,还要在平时的行动中体现班训。内化于心,外化于行。当班训不断回荡在脑海中、深深烙印在内心中,我们就时刻与班训相伴,班训在不断提醒我们、激励我们做到更好。 今天我们还在立下了新年的第一个 flag。新年伊始是立志的好契机。有了班训的引领,我们一定能实现目标、达成志愿。过去的一切清零,重新出发,全力以赴,未来可期!

【班会流程】	正如习近平总书记对青年一代寄语：心中有阳光，脚下有力量！ 相信我们都会在正确方向引领下，在自管会和全体同学的共同努力下，在学校领导和老师的关心爱护下，脚踏实地、乘风破浪、扬帆起航！ 最后请全体同学起立！让我们一起大声说出我们的班训！（大声说两遍）
【班会效果】	全班制定出班训，自管会将以班训为中心，调整之前拟定的《自管会管理细则》，使其符合班级现状，以达到真正管理班级、促进学习的目的。 同时，全班同学在制定班训的过程中体会到自己在班级中的主人翁地位，能够树立"我班是我家"的理念，增强班级的凝聚力。

家校共育，共筑有温度、有实效的教育

山东省青岛第六十六中学　刘敏

随着时代的发展，教育成为更开放、更科学、更具综合性的社会活动。学生的成长不只是学校老师的责任，也离不开家庭、社会的影响。当然，学校教育要想取得成功，也离不开家庭、社会的支持和配合。成功的学校教育正是建立在良好的家庭教育基础之上的。可见，学校教育与家庭教育需要相辅相成，相互促进。只有家校携手、相互合作才能达到互利共赢的目的，家校沟通的方式和技巧也是我们赢得彼此理解和信任的关键。如何构建家校沟通与合作的教育模式，架起家校沟通的桥梁成为我思考并为之不断尝试的问题。在此，我结合班主任工作实践，谈一谈个人对这个问题的一些看法和做法。

一、家校合作的现状

对于孩子的成长而言，家校合作是一种必然趋势，也是实现有效教育必不可少的环节。目前，家校合作模式在我国教育领域广泛施用，但在促进青少年全面健康发展的同时，也暴露出一些问题。比如会有流于形式的情况，家校合作具体的操作方式其实是多元的，不是简单地将学校教育和家庭教育进行功能的叠加。家校合作绝不是简单成立一个家长委员会或者在家长群内布置任务就可以实现的,合作需要更加深入,更有操作性,归根结底是要围绕每一个孩子来开展。

在家校沟通方面,有些教师只重视学校教育,忽视了对家长在家庭教育中面临的难点和困惑的科学引导。这就需要家长不断学习,多方交流,通过家校互动平台与其他家长分享经验,以达到典型带动、模范教育的作用。此外,还会有交流不对等的情况出现,例如家长被动参与一些合作,自我表达的机会不多,这就很难实现期待中的合力。家校关系,应该以合作开始,以互相支持和配合为唯一方式,相互鼓舞着前进,相互簇拥着成长,也相互温暖着前行,抵达共赢的彼岸。

二、家校合作的必要性

目前,家庭教育中存在养教失调的问题。一部分家长在教育理念上存有一定偏差,他们认为,满足孩子的物质生活责无旁贷。只要能满足孩子的一切物质需求,就算尽到了自己的责任;只要给孩子交了学费,把孩子送进了学校,就是履行了自己的全部教育义务。在这种错误观念的支配下,他们要么只注意对孩子物质生活的照顾,而忽视孩子的品德教育,用"老师,我们把孩子交给你了"一句话将教育的责任和义务全部推给了教师;要么是对孩子的事情不热心,和孩子缺乏交流,对孩子在学习及生活中出现的心理情绪问题不能及时疏导。可事实上,要想让孩子们身心健康地成长,固然离不开老师辛勤细致、诲人不倦的工作,但更离不开家长的密切配合!

著名教育家苏霍姆林斯基说:"最完备的社会教育就是学校—家庭教育。"在影响孩子成长的各种因素中,家庭教育和学校教育是最重要的两个,整合家庭教育和学校教育,形成教育合力,对孩子的健康发展非常必要。

三、家校合作的途径探析

苏联心理学家彼得洛夫说过:"教师如将教导活动局限于学校范围以内,不对学生家长进行工作,那就不会达到所希望的结果。"所以,从教师的角度,在家校合作方面,要重视与家长积极沟通,同时也要让家长了解自己的教学理念,及时消除隔阂,成为互相信任的"合作伙伴"。而从家长角度,家长也需承担起家校合作的责任,并加强合作教育的意识,积极主动地与教师沟通,使家校合作建立在双向交往的基础上。如何构建家校沟通与合作的协作教育模式、架起家校沟通的桥梁是我不断思考并为之进行尝试的问题。在此,我结合班主任工作实践,谈谈家校有效沟通的策略。

第一,掌握与家长沟通的技巧。成功地与家长沟通,首先要了解家长,同时了解家长对于孩子的教育方式,如果可以的话,可以了解家长的工作性质、文化素养等,这样与家长的沟通就更有针对性,也可以选择家长能接受的说话方式进行沟通,提高沟通的效率。成功地与家长沟通,必须让家长理解我们的做法。理解是矛盾化解的催化剂,在教育的过程中,难免有一些事情会使部分家长难以理解,而想要得到家长的理解,必须先得到学生的肯定和喜欢,用学生的肯定来开启家长的心扉,自然就会获得家长的认可,也就可以使我们的工作少一些阻力。成功与家长沟通,必须让家长信任我们。人可以漠视种种,但是不能完全漠视关爱,所以爱会成为人世间永恒不变的主题,我们要学会用爱心开启家长的心扉,获得家长的信任。只有这样,我们的教育教学工作才能顺利开展。顺利与家长沟通,还必须有真才实学,让家长佩服我们。作为一名教师,教育是我们的专长,我们必须不断地充实自己,用心钻研和学习各种理论知识,用案例充实自己的头脑,让家长看到我们的能力,只有这样,家长才能放心地将孩子交给我们教育和管理,才能对我们的工作无条件地配合。

第二,与家长进行深层次的有效沟通。深层次的沟通一定是入心的。沟通要从单向转变为双向解决问题,充分利用好家长资源,抓住家长的心理,发挥家委会的引领带动作用,让家长积极参与学校管理和参与孩子的教育。进入青春期的孩子都有些叛逆,他们和家长的关系有时候会莫名地陷入僵局。这时候班主任就要做学生与家长的纽带,搭建起有效沟通的桥梁;做学生与家长之间的润滑剂,帮助父母孩子建立和谐融洽的亲子关系。我经常接到家长的电话或者孩子的哭诉,痛斥彼此的不理解,孩子羡慕别人的妈妈,妈妈羡慕别人家的孩子,其实他们谁也离不开谁。这时候班主任就要悄悄告诉孩子妈妈多爱他,妈妈私下为他付出多少,嘱咐孩子要让妈妈感受到自己对她的爱,不管是皮夹克还是小棉袄都能带来温暖;还要和妈妈交流怎样做一个不让孩子嫌弃的家长,给孩子足够的成长时间和空间,慢慢地静待花开。良好的家庭关系、和谐的亲子关系都是家校共育的前提,班主任要学会与不同类型的家长沟通,打开他们的心扉,形成合作共赢局面,不同方式、不同方法、不同场合都需要我们开启智慧。

第三,利用多种平台进行信息交流。时代不断变化,孩子和家长都变了,老师的教育理念和沟通方式、技能技巧都要跟得上,比如利用好微信群、QQ群、成长档案等,辅助我们做好家校共育工作。我从接到学生的档案起就认真了解学生的家庭情况、文化修养、家庭环境,以便做到心中有数。改变以前家长打进电话询问分数的情况,主动出击,有目的地给一些家长打电话。打电话给家长的宗旨是多报喜、巧报忧,并指导家长适当地与孩子进行亲子沟通,以提高孩子的身心、人格健康及浓厚的学习兴趣。同时,一旦发现学生不按时到校,半小时之内主动与家长取得联系,了解学生去向。再比如,学生考试得了好成绩,发个短信报喜,家长会觉得自己的孩子得到了老师的关注。学生身体不舒服,及时打个电话通知家长,家长会觉得老师工作细致,孩子交到老师手上放心。长此以往,便捷、快速地主动打出去的电话,让很多问题得到了及时解决,还能促使家校和谐发展。

　　教育是一棵树摇动另一棵树,一朵云推动另一朵云,一个灵魂唤醒另一个灵魂。家校合作一直是一个非常重要的课题。如何沟通、如何相互配合、如何实现合力育人都是值得探讨的。家长是我们教育的后备力量,"爱人者,人恒爱之;敬人者,人恒敬之",当期待家长为我们的工作做些什么的时候,我们也要想家长所想,急家长所急,与家长站在一条战线上,相信我们的付出与收获是等值的!只要我们把自己对学生的那份爱心、耐心、责任心充分传递给家长,就一定能得到家长的信任和理解、积极支持和配合,由此建立起来的家庭、学校、班级、学生之间的良性共生机制,也会让我们的管理工作更轻松、更高效,让师生过一种完整幸福的教育生活成为可能,办人民满意的教育也会成为现实。

让家长会成为家校沟通的教育良机

山东省青岛第十六中学　时甜甜

　　如何让家长会成为家校沟通的教育良机,让家校沟通的教育契机实现最大化?在召开每次家长会时,我都会找到一个创新环节,但同时也保留几个必备环节,力争让每位家长了解学生的在校情况,让家长会成为家校沟通的教育良机,让家校共育助力学生发展。

　　家长会的必备环节之一是总结这一阶段学生在校期间的整体表现。每次家长会，我都会表扬这段时间表现突出的学生，其中包括好习惯标兵、进步之星、劳动之星、奉献之星、学习之星、助人为乐之星、自律之星、节约之星、防疫之星等，多维度衡量学生在校的表现，不唯分数论。

　　家长会不能只表扬学生，也要指出一些需要改正的不足。出现的问题如行动迟缓，遇事不着急；懒惰，事不关己；个别同学上课精神极差；说话不文明，不懂得尊重人，不感恩；劳动意识不强，不会打扫卫生，随手扔垃圾。在学习上暴露的问题是部分学生偏科现象严重，影响总成绩。出现了这样的问题，我们需要把将要采取的措施也明确地告诉家长，我们要继续加强学生自主管理，并让更多的学生参与班级管理，积极融入班集体；通过谈话帮助孩子分析成绩，找出问题原因并制定学习计划或改变学习思路；严格常规管理，严格班规班纪，稳定学习秩序；加强思想教育工作，缓解孩子压力，增强他们的自信心和学习动力；与任课老师配合，主抓学生薄弱学科，我们学校推行全员育人导师制，每个孩子都有自己的导师，导师会密切关注学生的学习。家庭教育是培养学生的最重要阵地，因此我们也真诚地向家长发出邀请，希望家长可以调整心态，工作之余多陪孩子，多同孩子交流，注意孩子的思想动态，及时和老师沟通，坚持关注孩子的学习，坚持检查孩子作业的完成情况。特别是周末，不能让孩子过分放松；节俭意识要增强，有关钱的问题，要向孩子说不，不要给孩子太多的零花钱；手机问题坚决说不，制定合理的使用手机制度；及时与班主任和任课老师沟通，了解学生的情况，遇到问题及时与班主任探讨最佳的解决途径，与老师保持一致，形成教育合力。

　　其中一次家长会的创新环节给我留下了深刻的印象。整体关注学生往往忽略个别学生的评价，因此我为每位学生写了一份个性化评价形式，包括成绩分析、作业反馈、日常行为表现以及最后总结。一位家长在家长会结束之后流下了感动的眼泪，这位妈妈说她从来没有开过这么条理清晰的家长会，从来没有感觉自己的孩子会这样受到老师的重视，班主任把孩子的学习状态和平时表现分析得如此到位，学生、老师、家长的责任与义务全部落实到位，而且她对这份个性化评价赞不绝口，感叹老师能在短短一个月内了解孩子的性格以及身上的不足与闪光点。我在个性化评价中这样写道："成绩分析中，语数外三大主科全部亮红灯，成绩相对比较低，导致后续学习比较吃力；六选三中，物理、化学、生物、历史四科亮红灯，没有强势的三科，导致六选三的时候选不出三科，成绩总体不乐观,希望家长能意识到此次考试暴露的问题。"作业反馈情况是:各科作业基本每天都有交不上的情况,任课老师找过多次,也谈过话,没有效果。日常行为表现是:课堂上经常和同桌聊天,注意力不集中,上课跟不上老师的节奏,课下不积极问老师。在担任卫生班长方面,劳动上非常积极,眼里有活,经常协助值日生打扫卫生,起到了模范带头作用。总体上,希望家长不要否定孩子,从他热爱劳动方面表扬他,将这种劳动热情引导到学习上来,首先制订小而可行的具体学习计划,让他体验到学习的成就感。显然通过这样的评价可以判断,这位学生并不是大家眼中所谓的好学生,如果一味地只看到他学习上的不足,而片面地评价他,这样对他来说只会雪上加霜,破罐子破摔,认为自己毫无优点可言。家长也可能心灰意冷,对孩子失望,充满抱怨。但我们要善于发现学生的优点,利用多元评价的方式让学生充分得到应有的发展,让家校沟通不再困难。

这样的家长会创新环节反馈非常好,家长们希望每次家长会之后都能拿到一份属于自己孩子的个性化评价。每个学生身上都有闪光点,我们要善于发现这些闪光点,并充分利用好这些闪光点。每个孩子都是可塑之才,我们要利用好手中的刻刀,精雕细琢出最好的美玉。

"我的大学梦"主题班会

山东省青岛第十六中学　时甜甜

【授课教师】	山东省青岛第十六中学　时甜甜
【授课班级】	高二年级书法班
【班会主题】	我的大学梦
【主题分析】	对于高中生来说,学习的目的就是进入理想的大学。每个高中生都有一个大学梦,判断这个理想大学到底是否符合自己的实际学习情况对于高中生来说难度比较大,因此需要根据每个学生制定的大学目标进行切实可行的讨论。
【设计背景】	大学是每个高中生所向往的象牙塔,高中阶段学习的目的之一是进入理想的大学。刚刚结束高一的他们已经适应了高中生活,但在高

续表

【设计背景】	二初期,他们又出现了学习方向迷茫的问题,很多同学对于未来没有计划,抱着得过且过的学习态度,不知道学习的目的是什么、学习的方向在哪里。
【教育目标】	学生详细介绍自己目标大学的办学理念以及为什么选这所大学作为目标学校,同时查询近三年书法专业所要求的高考分数,使学生既能体会大学的美好,树立正确的学习观,又能找到自己学习和专业训练的不足,端正学习态度。最后鼓励学生在高中阶段奋力拼搏,争取高考的胜利。
【班会准备】	为了达到班会的预期目的,班会的前期准备工作需要做到细致。首先下发大学计划表,提前给学生和家长布置任务,要求学生和家长共同完成选择三级大学目标,每级目标中填写想报考的大学书法专业近三年的录取分数,同时制定每个学科所要达到的理想分数。确定目标大学之后,要在计划表最后写出具体的学习规划。 从家长和学生前期的准备过程中,我感受到家长和学生对于此次任务的重视,他们对如何选择目标大学,如何查阅历年录取分数以及书法专业有了更深的了解。
【班会形式】	教师讲授法、小组讨论法、课堂展示法。
【设计思路】	本节课分为四个环节,分别为梦想的地方、说说自己的目标、找找自己的差距、如何实现自己的大学梦,环环相扣,帮助学生寻找目标,突破自我,实现梦想。
【班会流程】	**活动一:梦想的地方** 通过前期家长和学生上交的大学计划表,我整理出所有大学信息,播放各个院校的校门、校徽、校训图片,引入今天的主题班会——我的大学梦! 通过播放各个院校的图片使学生对各个院校有初步的了解,同时每位学生对这些院校有初步的比较。 **活动二:说说自己的目标** 请学生说出自己制定的院校目标以及为什么制定这样的院校目标,使学生对制定的院校有一个清晰的了解,在了解院校的详细情况后对自己制定的目标有一个清晰的认识,发现自己与目标院校之间的差距。 **活动三:找找自己的差距** 每位学生都有理想的学府,亲自确定目标大学以及详细了解理想院校之后,部分学生发现想要考入理想的院校存在很大困难,自己最初的想法太简单,以为大学很容易上,想法有点盲目自大。教师应适当地鼓励学生,学生主动找出差距,将差距一一列出来,写在计划表

【班会流程】	中,增强自信心,不惧困难、迎接挫折、战胜自己。 **活动四:如何实现自己的大学梦** 　　每位学生找出差距,剖析自己的学习情况,对于每项差距应该怎样做是解决问题的关键。大家建言献策,有自我反思,有他人建议。学生找到自我定位,重新调整目标大学,有的学生将目标大学调高,有的学生将目标大学降低。每位同学都找到了适合的定位,以及学习努力的方向。 结束语: 　　我发现学生重新整理上交的计划表中大部分补充了书法专业学习的计划,这让我很惊喜。他们按照文化课学习的思路及方向对书法专业的学习也进行了规划,深入分析自己书法专业的优势与不足,对于在日常训练中应如何提高自己的专业水平给出了充分详细的计划。 　　总结:寻找目标　突破自我　实现梦想
【班会效果】	每个人都有美好的大学梦,要靠努力拼搏才能实现梦想。真正的努力拼搏不只是口头的承诺,还要有实际行动,我们不能做思想的巨人、行动的矮子。努力拼搏是汗水的堆积,是真正付出的必要过程,是实现梦想的必经之路。唯有努力拼搏才能叩响理想大学的大门,即刻努力,拼搏两年,两年后实现现在制定的梦想!

参天大树长成记

——记内高班学生 "ECM" 生涯规划案例和感受

山东省青岛第六十八中学　孙娜

　　自打崂山二中开始全面地进行"班级企业化管理"后,我就决心做一个"不管不问"的班主任、"狠心"的老师。

一、你们自己想办法,加油!

　　上学期我们班开了一次全校公开的班会,主题为"理解"。因为只有一个星期的准备时间,时间紧、任务重,还是跟之前一样,各小组挑选自己感兴趣的项目,各自分工,有条不紊地进行着。有的学生开始自己找电脑做PPT,有的去问各科老师借电脑做 PPT，但是还有一大批学生，尤其是内高班学生，到我这开始打退堂鼓了："老师，那个没法做，我做不了了……"我只是静静地看着他们，等他们叽叽喳喳地都讲完之后，我对他们说："你们自己想办法，加油！"然后空气瞬间凝固了，大家面面相觑，他们不明白我为什么会说这样的话。

其实我说这种话的时候是很忐忑的，因为我不知道他们会不会放弃，我说完之后也静静地看着他们。结果，他们默默地从办公室走了。这个时候我就更加忐忑了，他们该不会真的不干了吧！

这种心情一直持续到当天下午，忽然一大批人涌入办公室，拿着一张纸进来说："娜姐，这是我们的电脑使用排班表！"原来他们从办公室离开之后，开始分组借电脑，借了两台电脑，大家开始排班使用。最终，在规定时间内，学生们保质保量地完成了任务，成功地举办了班会。

在这次班会举办过程中，我是以险取胜，好在是成功了。后来我再回想这件事的时候，庆幸于当时的决定，把他们逼出去，取得了意想不到的效果。

后来我问那些一开始打退堂鼓的学生为什么又有信心了，他们说："因为我们知道，要学会独立，不能什么事都靠别人，要学会自己处理，我们想从这件事情开始。我们成功了！"

二、多参加活动，性格就能一点点锻炼开

我们班有一个成绩优异但是性格较为内向的来自新疆的学生。开学的时候，我将他委任为学习委员，物理老师选他当我们班的物理课代表。刚开始的时候，他不太会与其他同学交流，导致他的工作无法正常进行，后来，在任课老师的建议下，我又选派了一名学生，和他一起当物理课代表，结果，在这个新助手的"竞争"下，这个学生的工作能力明显提升，而当助手的那个学生的成绩与学习积极性也有了较大的进步。在考试期间，我们班实行单独的"提优补弱"。在此期间，物理这科我让这个学生负责，每天练习一个题型，头一天布置题目，第二天进行讲解，这个讲解任务就交给了这个学生。他的讲解我听过，一开始的时候很不好，他不好意思在这么多人面前讲解。下面听的同学，好像没看到他的紧张，一直说"还是不会，再来一遍……"这个时候，我也不去救场，就让他在那站着，我课下给他进行了教学指导。第二次的时候，很明显，他的状态在线了，他准备了材料带着上去讲，虽然还是不大好意思看着同学，但是比前一次好很多，同学的反应也明显改善，这样双向的反馈，让这个学生越来越有自信，

状态越来越好,他虽然还是不能全程看着下面的同学讲解,但比起一开始的时候,已经是换了一个人。再到后来,他开始积极参加各种项目:进学生会、组队参加"模职"、家长会上作为学生代表跟家长讲"生涯规划"……

期末的时候,我跟他母亲进行交流。因为是内高班,她自开学就没和孩子见面,所以她的感触特别深,在母亲眼里,那个不大说话的小不点,现在已经是个谈天说地、侃侃而谈的小伙子了。"他老跟我说,'生涯规划''模职' 什么的,说得可带劲了,对了,他还跟我说,他在班里给大家讲物理题,后来在家长群里也看到照片了,真好,看到他的变化,我真高兴!"母亲为他的进步而自豪。

其实,我又何尝不是呢。学生进步的时候,最开心的除了他们自己和家长,还有老师们,为他们的一点点进步而兴奋。

回想刚开始的时候,我跟他说去负责什么事情,他会说:"啊,不行吧,我不会。"后来,我就有意无意地在大家面前给他指派任务,他碍于面子,只好硬着头皮接下来,最后的结果就真的印证了我一开始对他说的那句话——"多参加活动,性格就能一点点锻炼开"。现在我让他负责什么项目,他会说:"行,我承接这个项目。"

三、其实有些东西,逼一逼就出来了

这句话,不是我对学生说的,是我跟一个家长说的。事情源于一次成绩分析。我们班一个内高班学生的成绩,较上次进步了近 100 个名次,政治单科考了全班第一。考试结束后,这位家长非常积极地给我打电话询问成绩,我跟她说孩子的进步名次时,她以为我逗她玩,不相信,因为自己的孩子是什么样的,她自己很清楚。后来我让另外一名内高班学生接电话,用维吾尔族语又跟她说了一遍,她才相信。

这位家长一直很感激我,我说这不是我的功劳,而是各科课代表和孩子自己的努力结果。在期末考试期间,我们班实行单独的"提优补弱",每个人,根据成绩的不同,选取其中的四门作为期末考试的重点进行复习。在这四门课的选择上,学生需要遵循以下原则:首先是低于平均分的学科;如果此学生没有低于平均分的学科,那就选取比较弱的四门科目;还有可能是有七八门低于平均分的科目,那么,我就要根据我平时的了解,将他感兴趣且提分可能性较高的四门科目选出来。当然,在公布完各自"提优补弱"科目后,都会有一个公示期,个别有异议的可以修改。全程由各科课代表负责,每天早晨将没完成任务的名

单发送到家长群里。每个人"提优补弱"的四门科目都是他们感兴趣或者有提分希望的,并且是他们自己协商好的,他们自己学得有动力,当然,除了自身的动力之外,还有两个强有力的监督——课代表和家长,尤其是家长的监督。到最后的时候,大家的激情已经没有了,我就开始在他们学习的时候灌输思想:"赶紧找课代表背书、练题,我要发名单了。"每次说完,他们都会用幽怨的目光注视着我,甚至到最后两天,有几个学生看到我就开始下意识地摸书,想想自己的任务干完没有。虽然我知道这个项目最后两天把他们逼得有点紧,但是我还是咬咬牙,坚持了下来。在这个过程中,我采取"打压"加鼓励方式,但是以"打压"为主,鼓励为辅。

这个内高班学生的政治成绩突飞猛进除了自己的努力,还有一个原因是我让他当政治课代表。他经常不交作业,政治考试成绩处于下游。我跟坦诚地说了选他的目的:一是让他感受一下别人不交作业,课代表成天求着交作业的感受;二是当课代表的话,成绩靠后,只有丢人,没别的什么。他一开始也不同意,我就"威胁"他,如果不当的话就把他之前不好好写作业的事告知家长,在我的"威胁"下,他答应了,同时也赢下了自己的进步与前进!

我经常和内高班学生的家长们进行交流,有的是电话,有的是微信,最常聊的就是其实有些东西逼一逼就出来了!对学生进行适当的打压紧逼,会给他们压力,同时也是给他们一个起跳的跳板!

我们班的成绩不是最好的,甚至可以说是垫底。我从第一天接这个班的时候,就对学生和家长们说,我的目标除了让学生的成绩上升,更重要的是让孩子学会做人,学会对自己进行人生规划。自从实行"班级企业化管理"以来,我们班有进步,尽管这个进步在数字上的变化是渺小的,但是,我能感受到他们四十五个人巨大的变化,那不是在成绩和量化数据上能感受到的。我相信,我们一定还会有更好的变化,每个阶段都有变化,哪怕只有一个,那也是我最欣慰的奖赏!

做最好的自己,成就更美好的未来!

"抗疫情，众志成城；学不停，贵在有恒" 主题班会

山东省青岛第六十六中学　盖庆爽

【授课教师】	山东省青岛第六十六中学　盖庆爽
【授课班级】	高一（2）班
【班会主题】	抗疫情，众志成城；学不停，贵在有恒
【主题分析】	新冠疫情期间，看到每天媒体报道的一系列新闻事件，看到国士出征抗疫一线，看到医护人员对患者的生死相守，看到各行各业劳动者的坚守与付出，看到武汉方舱医院里的病床上依然能够静心读书的博士，我心里充满了感动。停课不停学，学生自2月10日起开始线上学习，如何通过主题班会让孩子们从中受到启发，看到人们在抗击疫情中的责任担当与奉献精神，我开始有设计一节主题班会的想法。我所带的班一部分是本地学生居家学习，另一部分内高班学生因为疫情不能回家，寒假里一直在学校生活学习。我很想把心里的感动告诉学生，也想告诉我的学生们学习贵在有恒心，无论时间、地点，无论外界环境如何，也希望他们即使居家学习也能够静下心来，坚定学生战胜疫情的信心，由此确定了这节班会课的主题。
【设计背景】	由于突发的疫情，学生不能到校上课，学习改为线上进行，每天新闻媒体对疫情的报道牵动着每个人的心，而这些事件也是很好的教育素材，通过此次班会课引发学生的思考与感悟，同时激发学生的学习动力。
【教育目标】	通过对新闻事件的所思所想所感，培养学生的观察力、思考力、感悟力，激发学生的爱国主义情感与责任担当意识； 　　通过分析此次疫情得到的启示，引发学生的责任意识、担当意识、人类命运共同体意识，同时以身边发生的事来教育学生爱护环境、爱护家园，齐心协力共同抵抗疫情。 　　通过疫情视角下方舱医院里、居家屋顶上学习的场景，同学们在家里、在学校坚持读书学习及老师们积极备课的身影，激发学生的学习热情，让学生明白当下的学习不是自己一个人在奋斗，是全体师生共同在奋战。

【教育目标】	通过展示疫情下每个人努力的身影,增强学生战胜疫情的信心,共同等待战胜疫情后的归来。
【班会准备】	提前布置每位同学选择一张抗疫图片,写出其背后的故事及自己的感悟; 请家长拍下学生在家学习的照片; 课前收集老师们在线备课研讨的照片; 下载抗疫视频《出征》; 准备班级集体照及校园照片。
【班会形式】	教师讲授法、自由发言、小组讨论法、课堂展示法。
【设计思路】	本节班会课以疫情为线索,由疫情下发生的事件让学生有所感、有所悟,提高居家学习的恒心和毅力,增强战胜疫情的信心,主要包含三个环节:抗疫情,众志成城;学不停,贵在有恒;战必胜,迎你归来。
【班会流程】	**一、导入** 师:今年春节以来,武汉爆发的新冠疫情一直牵动着每个人的心,我们有焦虑、担忧、不安,也有期盼、祈祷、祝福……在几个月的时间里,我们感受到生命的无常,感受到每个人心中的坚强与勇敢,也感受到我们祖国的强大与人民的团结。疫情爆发后,医务工作者们冲在第一线,与时间赛跑、跟病毒搏击,在病毒面前筑起一道道健康防线,守护着人民群众的生命安全和身体健康。各行各业的劳动者们,从警察、社区工作者、公交司机、志愿者到餐馆老板、厨师、快递小哥,都在战疫的路上不畏艰险。我们通过一段视频来了解他们的事迹,播放视频《出征》。 **二、抗疫情,众志成城** 看过了视频,你的感受是怎样的? 请同学们自由发言。 活动:一图一故事,一图一感悟 课前布置大家选择一张或一组与疫情有关的、自己很有感触的图片,介绍其背后的故事并谈谈自己的感悟。 大家分享与交流的每一个故事都让我们很感动,疫情当前,虽然我们的自由受到了限制,但我们的心也慢慢地静下来,仔细想想,这场突如其来的灾祸,也给了我们一些重要的启示,请同学们谈一谈疫情带给你的启示。 交流讨论,畅谈启示。 师小结:希望我们能够牢记这些启示……有国才有家,祖国强大,我们的生活才能平安幸福;在工作岗位上保持善良、说真话、尽职尽责、勇担当是我们该有的职业信仰;只要团结一心,我们就能取得胜利;我们是人类命运的共同体,每个人都很重要。

【班会流程】	【设计意图】通过对新闻媒体事件的所思所感,激发学生的爱国情感、责任意识和担当意识,同时引导学生对平时的事件多关注、多思考。 **三、学不停,贵在有恒** 图片展示:杨一帆在武汉方舱医院学习备考;疫情期间一位同学起床后,独自一人爬上屋顶,只为在信号最好的环境下用钉钉上课;留美博士后在武汉方舱医院里读书的场景。 看到这三张照片你的感受是什么? 学生交流发言。 师:虽然是特殊时期,同学们也在继续读书学习,无论是内高班同学还是本地同学,我们虽不在同一间教室,但却有着同样的目标和身影——伏案而书,为梦想,不负时光。 学习可以不分时间、地点和处境,无论现在和未来,无论顺境还是逆境,希望同学们拥有"学不停"的恒心,无论是课本还是生活,都需要我们不断地探索求知。线上学习期间,有的同学收获了较好的效果,有的同学效率不高,请同学们分享线上学习的经验方法并谈谈遇到的困难。 师小结:线上学习考验同学们的自制与自律,自律需要专注度 + 执行力 + 做事的决心 + 意志力。我们首先要调整好心态,脚踏实地,做好学习计划,制订一个可行的目标和计划,学习期间远离干扰源,每天进行反思总结,不断改进,坚持下来相信会成为更好的自己。 【设计意图】线上学习期间,部分学生学习动力不足,学习积极性不高,通过疫情下各种学习场景,以及学生居家、在校学习的情景,激发学生的学习热情和学习动力,增强学生的恒心和毅力。 **四、战必胜,迎你归来** 图片展示:老师们集体备课、录课、线上直播、答疑的照片。 停课不停学,停课不停教,老师们一直和同学们在一起,讨论、集备、录课、直播……我们观看的每一节课包含了学科组老师们的共同努力,老师们做好了充分的准备迎接你们的归来。 相信在全国人民的共同努力下,我们众志成城,终会战胜疫情,也希望同学们调整好状态,怀着感恩的心与热忱之情珍惜这读书时光,有计划地学习,适时反思,坚持到底,待疫去春来,校园花开,老师们等待你们归来…… (播放校园照片、班级合照) 【设计意图】使学生了解疫情下的线上学习是老师和同学们一块在努力奋战,每一节课都是老师们精心准备、共同努力的成果,虽然不能够奋战在疫情一线,但每个人坚守岗位、做好自己的事情就是在共同抗击疫情。在班会最后,通过展示校园照片及班级合照,升华学生情感,增强学生战胜疫情的信心。

续表

【班会效果】	春暖花开，本该是开学的日子，本该是学生在美丽的校园聆听知识与教诲的日子，但一场突如其来的疫情打乱了所有人的脚步。虽然如此，但教育不局限在课堂、学校里，还有家庭、社会，学生的学习，也不局限于课本里的知识，还有生活带给我们的思考、身边人带给我们的启示，以及我们自己内心的想法与感受。通过设计这节班会课，使学生有所思考和感悟，也使我自己有所思考和感悟。教育总是先感动自己再感动学生，相信疫情带给我们的不仅是伤痛和恐慌，还有反思和教训。待抗疫胜利，我们再一次相聚校园的时候，相信我们都已有所收获、有所成长，坚定地走向未来。

浅谈"扑克脸"学生的转化

山东省青岛第六十七中学　王春

谈起后进生，我们很容易联想到那些学习成绩比较差、不遵守纪律、调皮捣蛋的学生。其实班级当中往往有这样一部分学生，上课端正地坐着，作业按时交，不迟到不早退，几乎不违反班级纪律，但是学习成绩总不见提高。仔细观察你会发现，这部分学生平时总是一副平静如水、无欲无求的样子，我戏称之为"扑克脸"。

面对这些"扑克脸"，班主任往往感觉跟他们谈话时谈不到他们心里，谈话后学生行为没有转变，教育效果不明显。如何转化这部分学生，激发他们学习的热情，成为班主任工作中一个难点。

我认为，班主任可以从以下四个方面全方位、全过程教育引导"扑克脸"学生。

一、通过谈心，改变认知

根据美国心理学家费斯廷格的认知失调理论：一般情况下，人们的态度与行为是一致的，在态度和行为不一致的时候，常常会引起个体的心理紧张，导致认知失调，给人带来痛苦的体验。

"扑克脸"学生冷漠的外表下，很可能藏着一颗无助的心。他们基本都有过"努力过但不成功"的体验，每经历一次，就会进一步自我怀疑。他们心里往往认为自己不是学习的料，对学习没有太大的信心，他们认为"我努力学了也可能不成功"。长此以往，他们开始钟情于做"表面文章"，不被老师罚就好。因为只有这样做，他们才不会产生痛苦的感觉。

中国人讲究"礼尚往来"，心理学研究也表明人们喜欢"喜欢自己的人"，班主任应多与家长联系，了解学生学习成长经历、兴趣爱好，并让学生感觉到老师关注他、喜欢他，进而让学生产生一种回报之感，信任、喜欢老师，这是做学生思想教育工作的前提。

班主任在得到了学生信任和认可之后，可经常与学生谈话沟通。谈话前，班主任应先"备好课"，不能没有主题、漫无目的地闲聊。谈话前可以先给他准备一把椅子，或一杯热茶，表达对学生的尊重，传递教育温暖。另外，谈话时要注意避免单刀直入，可先谈谈身边闲事，打破学生的心理戒备，不要简单地进行说教，多用"我们一起""我当时跟你一样"（相似性原理）、"语文老师说你很棒""某同学说你很聪明"（第三人效应），利用心理学理论，让学生感受到他不是"一个人孤独地在学习"，有人理解他，有人关注他，有人跟他一起并肩战斗。谈话过程中要注意避免"一言堂"，要给学生留出表达空间。班主任要善于做一个聆听者，去了解学生在学习和生活上遇到的困难，并想方设法帮助学生解决，并可向学生推荐相关书籍，供学生阅读，利用书籍的力量，从精神上引领学生，让学生能够正确认识学习的重要性。

二、情绪影响

前文提到"扑克脸"的学生面部表情变化小，总是一副平静如水的样子，其实这也是一种自我保护行为。

这部分学生往往情感内敛，他们认为，在人际交往中，对人不可粗暴，但也不能过分亲近友好，相互应该保持一定的距离，脸上不能有所表示，这样别人才摸不透自己的脾气，才不敢在自己面前无礼，自己才不会受到伤害。

心理学家沙赫特和辛格认为情绪是认知因素和生理唤醒状态两者交互作用的产物。对"扑克脸"学生的教育，可以选择在运动场上，当他心跳加速的时候，表扬他的闪光点，增强他的自信心，教育往往会取得良好的效果。

三、人际影响

运用榜样和团体的力量,教育和转化"扑克脸"的学生是行之有效的。班主任通过打造积极向上、奋斗拼搏的良好班风、学风,潜移默化地影响"扑克脸"学生,让他的懒惰无处可藏,起到润物细无声的效果。在班级内为他树立优秀榜样,并通过组织班级活动,让"扑克脸"学生在参加团体活动的过程中,改善同学关系,建立一种互信、健康、友好、互勉、互助的同学关系。班主任及任课老师也要多关心爱护他,让他感受到老师和同学在乎他、关心他、诚心帮助他,最终促使他学习积极性不断提高。

总之,要做好"扑克脸"学生的转化工作,教师要充分运用心理学与教育学理论,并在实践中不断探索,深挖"扑克脸"的构成因素,晓之以理,动之以情,激发他们的上进心和斗志,对"扑克脸"学生要有爱心、耐心、信心、恒心,要抓反复,反复抓,多管齐下,才能做好"扑克脸"学生的教育和转化工作,达到立德树人的目的。

"感恩"主题班会

山东省青岛第六十八中学　孙娜

【授课教师】	山东省青岛第六十八中学　孙娜
【授课班级】	高二(3)班
【班会主题】	感恩
【主题分析】	人们常说:感恩是人间的美德,它至高无上。世间万物都值得我们感恩,我们要常怀一颗感恩的心,感恩每一位引导我们的人,记住每一位帮助过我们的人。因为懂得感恩的人,才能得到更多的帮助与支持,学会感恩,才能找到幸福的源泉。有了感恩之心,寒冷的冬天,我们不再抱怨烦心的事情,他人的恩惠,我们将长存心中。 　　从我们身边的小事入手,感悟身边的大爱。
【设计背景】	在当代学生道德教育中,"感恩教育"是一个起点。但是,当前部分学生缺乏感恩意识,主要由于父母的宠爱、溺爱,个别孩子由娇而横,唯我独尊,由爱生恨,甚至有的还恩将仇报。这类现象的出现,我

【设计背景】	们应该反思当前的教育方式,唤醒学生的感恩情怀,让学生学会感恩。感恩是中华民族的传统美德,也是每一个人应该坚守的基本道德准则。 尤其是在举国上下经历过了 2020 年的疫情后,人们经历了许多、明白了许多、感悟了许多。我们在这个冬天有了许多想要感谢的人。他可能平时就是我们一直想要感谢但是一直没有机会感谢的人;也可能是平时没有注意到的默默为我们付出的人。我们借这个班会,把平时想说的一些话对他们说出来,把想对他们表达的情感表达出来。我们也将我们收到的温暖用自己的方式传递给有需要的人,让这份温暖一直延续。
【教育目标】	**1. 知识与能力** 了解我们身边的人的工作内容,理解他们的工作艰辛。 **2. 过程与方法** 通过资料搜集的方法,培养学生的理论联系实际的能力;学生通过课前问卷调查、历史研究课题活动和课堂演讲活动等方式,提高学习知识的主动性和创新性,提高团队协作能力。 **3. 情感、态度与价值观** 借助搜集到的一系列材料,感悟中国特色社会主义的优越性,使学生增强对中国特色社会主义的政治认同;通过学生课堂上对于国家发展过程中各领域做出贡献的人的介绍,提升学生对于社会建设的积极性,提升公共参与感。
【班会准备】	学生根据课前的任务分配,对不同的感恩对象的生活材料进行收集,完成课件制作和视频剪辑。
【班会形式】	教师讲授法、小组讨论法、课堂展示法。
【设计思路】	结合成功抗疫的事迹和班主任在开学前写的《致小朋友的"疫"封信》,引导学生思考什么是感恩,我们要感恩哪些人、哪些事。 主要对祖国、防疫人员、学校、父母、老师、学校工作人员、社会人员、同学表达感恩之情。
【班会流程】	首先,我们要感谢祖国,感谢她给予你我幸福生活;感谢祖国,感谢她给予你我安宁社会;感谢祖国,感谢她丰富你我的世界。 第一小组向国家表示感谢。结合我们生活的幸福现状,通过国家的发展历程以及发展成绩的展示,引导大家感恩国家。 总有一群勇于挺身而出的人,他们勇敢走在我们的前面,那就是防疫前线的医护人员,谢谢你们在"抗击疫情"这场战斗中的坚持与付出。

续表

【班会流程】	第二小组向防疫人员表达感谢。学生通过自己创作的致敬抗疫人员的画作以及大家想对这些工作人员说的话,来展示大家的感恩之情。 　　我们要感谢我们的学校,是学校为我们提供了良好的学习环境和施展才华的舞台。 　　第三小组向学校表达感谢。介绍学校的各处风景以及学校社团活动,表达对学校创造出优美环境的感谢。 　　我们的生命是父母给予的,也是他们为了我们的成长而饱经沧桑。 　　第四小组向父母表示感谢。学生以一个简短的人类成长历史视频介绍展现父母的不易,同时也展示班级同学与父母的照片,表达对父母的感恩。 　　老师是我们成长的领路人,是我们的朋友,老师也为我们付出了心血和汗水。 　　第五小组向老师表达感谢。同学们将老师们平时工作的剪影汇总了起来,进行展示,表达了对老师们的感恩。 　　学校里不仅有老师,还有默默付出的、为我们创造良好校园环境的工作人员,是他们让我们的校园更加美好。 　　第六小组向学校的工作人员表达我们的感谢。学生通过采访、录像、记录等形式,对学校工作人员的工作进行了展示,感谢他们对大家舒适的学习生活的辛勤付出。 　　社会上,还有很多为我们无私奉献的人,他们都在尽自己的努力去营造一个良好和谐的社会环境。 　　第七小组向社会其他成员表达感谢。学生通过对社会上的交警、消防战士、保洁人员和保安人员工作的介绍,表达他们对自己当下安稳生活所做出的贡献的感恩。 　　在我们烦恼时,他们与我们一起解决烦恼;在我们有难的时候,他们同我们一起解决困难。他们就是我们的同学。 　　第八小组向同学们表示感谢。以一段近期同学们一起活动的视频引入,带领大家一起回忆近期帮助过自己的同学,帮助了哪些事情,通过这样的形式,引导大家感恩同学。 　　其实,在我们的生活中还有很多要去感恩的人,但是我们无法一一去表达感谢,只要我们心中铭记他们的帮助,他们一定会感受到我们的感谢。 　　在学校里,我们经常会得到同学的帮助,而我们也会记录下所获得的帮助。可能是一杯水,也可能是一句温暖的提醒。这些点点滴滴,构成了美好的校园生活,也将成为我们美好的回忆。

【班会流程】	为了感恩他人,我们也用自己的实际行动去回报社会,通过捐赠活动,我们捐出了一些衣物和书籍,给他人送去一份温暖。为了迎接内高班新同学,我们也送给他们一些书和画笔。 　　感恩可以消除心中所有的积怨,感恩可以荡涤世间一切尘埃,感恩是一种歌唱的方式,感恩是一种生活的大智慧。懂得了感恩,学会了感恩,每个人都会拥有无限的快乐和幸福。 　　可能有时我们羞于直接表达我们内心的感谢,因此"感恩箱"会将大家的祝福送到你想表达感谢的人的手里。下面请大家在纸上写一下你想表达的感谢,一会投进"感恩箱"。 　　我们一定会将"感谢"及时地送达! 　　学生展示完毕后,请张乐川爸爸从家长的角度谈谈对这节课的感想。 　　班主任孙娜老师进行总结。 　　其实,还有一个主体需要我们感谢,那就是我们自己。 　　感谢自己在中考复习那么苦的情况下没有放弃,感谢自己在那么累的军训中没有停下,感谢自己在遇到新问题、新环境时没有滞留,勇敢地向前奋进着! 　　还记得开学之夜玩游戏的不好意思吗?还记得咱班集体庆生时的放不开吗?还记得运动会时各种能力的展现吗?再到这次班会的全程自主组织主持,无一不展示了我们的坚持与努力,所以我们应该感谢自己! 　　我们中国特色社会主义建设者,是社会主义核心价值观的践行者。扣好人生第一粒扣子,感恩的第一粒扣子我和大家一起扣上了,希望能帮大家以后的扣子打好基础。 　　青年是祖国的希望与未来,我们将自己收获的温暖传递了下去,让这个社会更加温暖,正如我们的校训,成为最好的自己! 　　感恩常于心间,温暖常留人间。
【班会效果】	高二的学生处于高一与高三的交接时期,已经过了情感建立的懵懂期,对于当下社会的现实问题有一定自己的想法与认知,是高中时期人生观、价值观与世界观确立的关键时期。 　　这个阶段的学生充满着浓郁的表现欲望,想展示自己的各项才能。这节课突显学生的主体地位,将学生的参与度发挥到了极致,从活动设计到活动开展到主持过渡,无不体现学生的广泛参与,提升和展示了学生的素养。 　　在这个过程中,通过一系列的材料引导学生树立正确的三观,也通过学生自主进行展示的形式,锻炼学生的能力,促进学生的双向能力提升。

"不忘初心　牢记使命"跨级部主题班会

山东省青岛第六十八中学　孙娜

【授课教师】	山东省青岛第六十八中学　孙娜
【授课班级】	2015 级 7、8 班，2016 级 10、11 班
【班会主题】	"不忘初心　牢记使命"
【主题分析】	不忘初心，牢记使命，学习十九大精神。
【设计背景】	2017 年 7 月 1 日是中国共产党建党 96 周年。中国共产党第十九次全国代表大会(简称党的十九大)于 2017 年 10 月 18 日至 10 月 24 日在北京召开。2017 年 10 月 18 日上午 9 点，中国共产党第十九次全国代表大会在人民大会堂开幕。习近平代表第十八届中央委员会向大会做了题为《决胜全面建成小康社会　夺取新时代中国特色社会主义伟大胜利》的报告。
【教育目标】	为深入学习宣传贯彻党的十九大精神，推动十九大精神走进班级组织，走进学生们的学习生活，走进青年学子的内心世界，11 月 27 日，崂山二中组织开展了"不忘初心　牢记使命"主题班会。 本次活动旨在让高二的同学们在收集整理十九大知识和资料的同时，了解党的第十九次全国代表大会的概况、内容、中心思想等，通过 PPT 演讲的形式锻炼自身的讲演能力，更加透彻地体会党的伟大跟国家的进步。 让即将要面临高考的高三同学更深入地了解十九大，并灵活运用、全面贯彻党的十九大精神，为即将来临的高考积累最新素材。
【班会准备】	参与者:高二级部小分队一起参与策划、准备、讲演，进行各种方式的采访，包括视频、数据调查等。 形式:PPT 的讲演、成果展示(分享)会、探讨交流、心得感悟共享。 主持人:王铭心。 主要参与者:王铭心、张艺宁、陈凯、张泽浩、牟赵旭、张子涵。
【班会形式】	教师讲授法、小组讨论法、课堂展示法。
【设计思路】	学生自主展示十九大会议精神内容。班会的内容由"忆往昔""看今朝"两部分组成。

【班会流程】	**一、在"忆往昔"部分中,主要对我国近几年的发展进行了回顾** 王铭心同学带领大家回顾了在世界经济复苏乏力、局部冲突和动荡频发、全球性问题加剧的外部环境下,我国经济发展坚持稳中求进工作总基调,迎难而上、开拓进取,取得了改革开放和社会主义现代化建设的历史性成就,主要表现为:经济保持中高速增长,供给侧结构性改革深入推进,区域发展协调性增强,创新驱动发展战略大力实施,开放型经济新体制逐步健全。孙老师强调指出,这五年来的成就,是党中央坚强领导的结果,也是全党全国各族人民共同奋斗的结果。往昔是蓦然回首的惊鸿一瞥,而惊艳了年华的,当还是今朝之人、今朝之事。 **二、在"看今朝"的部分,同学们主要展示和分享了自己对十九大精神的研究成果** 首先,张艺宁同学对党的十九大召开的背景进行了简要的介绍:中国共产党第十九次全国代表大会,是在全面建设小康社会决胜阶段,中国特色社会主义进入新时代的关键时期召开的一次十分重要的大会。大会的主题是"不忘初心,牢记使命",高举中国特色社会主义伟大旗帜,决胜全面建设小康社会,夺取新时代中国特色社会主义伟大胜利,为实现中华民族伟大复兴的中国梦不懈奋斗。 接下来,由陈凯同学介绍学习十九大的四个模块:新时代、新矛盾、新思想、新目标。 关于新时代的定义,主要有四个方面:第一,承前启后、继往开来,在新的历史条件下继续夺取中国特色社会主义伟大胜利的时代;第二,决胜全面建成小康社会、进而全面建设社会主义现代化强国的时代;第三,全国各族人民团结奋斗、不断创造美好生活、逐步实现全体人民共同富裕的时代;第四,全体中华儿女勠力同心、奋力实现中华民族伟大复兴中国梦的时代。新时代意味着走中国特色社会主义道路,意味着迎来了实现中华民族伟大复兴的光明前景,还意味着科学社会主义在二十一世纪的中国焕发出强大的生机活力,高举中国特色社会主义伟大旗帜。 新矛盾的含义是"我国社会主要矛盾已经转化为人民日益增长的美好生活需要和不平衡不充分的发展之间的矛盾"。社会主要矛盾的改变体现了中国特色社会主义新时代的特征,折射出人的全面发展和社会的全面进步。 新时代中国特色社会主义思想,是对马克思列宁主义、毛泽东思想、邓小平理论、"三个代表"重要思想和科学发展观等思想的继承和发展,是马克思主义中国化的最新理论成果,是党和人民实践经验和集体智慧的结晶,是全党全国人民为实现中华民族的伟大复兴而奋斗的行动指南。

续表

【班会流程】	从全面建成小康社会到基本实现社会主义现代化,再到建成社会主义现代化强国,是新时代中国特色社会主义发展的战略安排。这三十年的战略安排,明确了每个阶段所要实现的发展目标,与时俱进地擘画了我国社会主义现代化建设的时间表、路线图,具有鲜明的时间特色和深远的历史意义。 当四个模块的主要内容讲完之后,王铭心同学又以自制的小视频向我们解说了习近平总书记对青年一代的展望,正如习总书记所说,青年兴则国家兴,青年强则国家强。青年人正处于学习的黄金时期,应该把学习作为首要任务,作为一种责任、一种精神追求、一种生活方式,树立梦想从学习开始、事业靠本领成就的观念,让勤奋学习成为青春远航的动力,让增长本领成为青春搏击的能量。 班会进行到结尾部分时,张泽浩同学原创的一段 Rap《Rap Of 十九大》,将本节课推向了高潮! 在班会临近结束时,在座的高三同学纷纷发言,表示作为新时代的高中生,应该有信念、有梦想、有奋斗、有奉献,这样的人生才是有意义的人生,才能更好地为社会做出贡献,成为祖国建设的栋梁之材,早日实现中华民族的伟大复兴! 班主任总结: 班会最后,临时组成的班级的"班主任"孙娜老师进行总结:"努力、坚定信心和团结,既是描述在座的每个同学,也是描述我们现在正在发展的崂山二中,同时,也是描述我们正在蓬勃发展的中国。希望大家历经磨难,归来依然少年,依然初心不忘,牢记使命,砥砺前行!"
【班会反思】	此次主题班会,不仅是一节十九大精神的展示课,而且是一节展现学生团结合作的成果展示课。此次主题班会通过多彩的形式,充分发挥学生们的作用,让学生自己去进行一系列的策划、安排、准备,调动起学生的参与积极性。引导学生正确认识新时代下的中国,让十九大精神深入每个聆听者的内心。深入学习十九大,为每个人今后的学习生活助力。本次班会不仅促进了班级内部的交流,而且还让同学们进一步了解了共青团与党的历史,也让学生有了表达自己想法的机会。此外,还激发了大家入党的积极性,意识到要以时代为己任,把实现自身的人生追求同党的事业、国家的富强紧密联系在一起,沿着正确的方向不断前进,在学习过程中能够牢记自己的使命,在推进中国特色社会主义现代化的建设中不断书写美好的未来。

"改变"主题班会

山东省青岛第六十八中学 孙娜

【授课教师】	山东省青岛第六十八中学 孙娜
【授课班级】	2019 级 11 班
【班会主题】	改变
【设计背景】	高一的新生对于初中与高中的衔接,或多或少有些许迷茫,通过班会让学生明确什么是改变、为什么要改变、怎样进行改变。
【教育目标】	学会改变,让学生更好地把握现在,对未来进行规划。
【班会准备】	学生根据课前的任务分配,对相关材料进行收集,完成课件制作和视频剪辑。
【班会形式】	教师讲授法、小组讨论法、课堂展示法。
【设计思路】	对昨天、今天和明天的自己进行反思与展望,发现改变的重要性,促使学生内心底产生改变的愿望。
【班会流程】	主持人:同学们,让我们今天走进"改变"主题班会。 有人问苏格拉底:"世界上什么最难?"苏格拉底答道:"认识你自己。" 我想问同学们几个问题:你了解自己吗?你知道你的优点和缺点都有哪些吗?你对现在的自己满意吗?你想成为怎样的自己?如果你要完成自己的目标,你要怎样改变呢?也许你的心中已经有了很明确的答案,也许还没有,没关系! 今天就来让我们用眼睛去寻找、用耳朵去倾听、用心去感受改变带给我们的精神财富。 柏拉图告诉弟子自己能够移山,弟子们纷纷请教方法,柏拉图说:"很简单,山若不过来,我就过去。"弟子们一片哗然。 这个世界上根本就没有移山之术,唯一一个移动山的方法就是山不过来,我便过去。 著名的文学家托尔斯泰曾经说过:"世界上只有两种人:一种是观望者,一种是行动者。大多数人想改变这个世界,但没人想改变自己。"想要改变现状,就要改变自己;要改变自己,就得改变自己的观念。一切成就,都是从正确的观念开始的。一连串的失败,也都是从错误的

	观念开始的。要适应社会、适应环境、适应变化,就要学会改变自己。 　　我认为变化过程中有最重要的三天。大家来猜一猜,是哪三天呢? 　　没错,就是昨天、今天和明天,也就是过去、现在和将来,让我们坐上时光机回到过去,看看那时的我们是怎样的。 　　**一组(无所畏惧):昨天的自己** 　　主持人:无所畏惧小组对初中稚嫩的我们进行了回顾,那么老师对我们的初印象是怎么样的呢? 　　形式:照片展示。 　　内容:首先我们小组接到的是"昨天的自己",我们开始想,怎样才是"昨天的自己",引发了我们的深思,我们想要用最直观的方式——照片来展示"昨天的自己",所以我们搜集了同学们小时候和初中的照片。 　　收集完照片,我们把照片做成了 PPT 来进行展示,并由组长介绍与讲解。 　　总结:通过这次班会,我们回想了过往,发现了许多改变,也暗自下决心要变得更好,对"昨天的自己"进行反思,把握"今天的自己",变成最好、最优秀的"明天的自己"。 　　**三组(go go go)** 　　形式:对老师进行采访,了解老师对我们的初印象。 　　三组代表:我们小组探究的是老师对我们的印象。我们升入高中,来到了新的环境,遇到了新的老师,刚接触时,老师对我们每个人印象都不同。经过一段时间的相处后,老师对我们的印象又有哪些改变?有什么想对我们说的?下面是我们小组准备的视频。 　　总结:通过视频中老师的评价,我们知道自己还有很多的不足,希望大家继续发扬自己的优点,改变自身不足。在以后的学习生活中,让老师看到一个更好的我们! 　　**五组(梦之翼):今天的改变** 　　主持人:五组通过对同学们的采访,发现大家还是有很多疑惑的,接下来让我们通过一天的生活来思考改变对我们的重要性。 　　形式:视频。 　　流程:介绍班会主题—播放采访视频—总结。 　　五组的组员们提前准备了问题:你今天有改变吗?你是如何改变的?你是自己改变还是受他人影响?你认为该变化对你是有利还是有弊呢?然后对班级中的同学进行了采访,同学们进行回答。 　　总结:通过刚才的视频,我们了解到"今天"有的同学有改变,有的同学没改变,大部分同学都是向着好的方向去发展。有的同学卫生比昨天打扫得更认真了,还有的同学学习比昨天更努力了。有的同学

【班会流程】	是自己改变,还有的同学是受他人影响,没有改变的同学听了做出了改变的同学的话,也做出了改变,同时,这些改变帮助同学们在学习、卫生、纪律方面取得了一定进步。希望同学们继续努力,争取更大的进步! **七组(未来可期)** 主持人:今天的我们是这个样子的,明天的我们该做出怎样的改变呢?大家请看短视频。 形式:短视频。 内容:录制了同学们一天从早上起床到晚上回到宿舍休息的生活状态,让同学们欣赏完视频以后,分析一下我们目前的生活状态,并且接着提问上一个小组的问题。 总结:通过这一个短视频,同学们都了解到了自己目前所处的生活状态,每个同学都考虑要不要做出改变这一问题,我认为这次班会对我们是有益的,让我们做出了改变。 **二组(清华大学自招组):对于明天的改变** 形式:话剧。 内容:通过改变"昨天"的恶习,形成"今天"良好的习惯、学习态度。 感悟:通过这次班会,我们深刻感受到自己的不足,知道了未来的计划,要改变自己的学习方法、学习态度,创造更好的明天,做更好的自己。 **六组(GIAO)** 形式:小型话剧演出。 内容:倾诉者诉苦,明天先生为倾诉者解答、鼓励,小恶魔趁机捣乱。 总结:组长个人认为同学们影响力很大,很有效果,同学们的表演很到位,老师们对这个创意表示了认同。 **四组(四包薯片一根肠):对于明天的疑惑以及解决方式** 主持人:我们都对于明天有很多疑问,那我们该如何应对明天的变化呢? 四组代表:与六组进行合作。 形式:小型话剧演出。 流程:演员登场—成员介绍(与六组合作)—倾诉人投信—朗读者开箱读(小恶魔同时添油加醋)—明天先生给予鼓励安慰—演员退场。 内容:倾诉人将自己对今天的不满和不开心向明天先生倾诉,小恶魔趁机捣乱,让倾诉人失去信心。这时,明天先生出场,战胜了小恶魔,对倾诉人进行了鼓励。

续表

【班会流程】	总结与感悟:通过这次活动,我们看到了我们每个人每天都会发生的事情,每个人都向往明天,因为明天的太阳一定会耀眼地从东方升起。通过这个小小的活动,我深刻地意识到,我们每天都不是一帆风顺的,总会有不开心和不满意,但是我们却依然向往着光明,所以我们要对明天充满希望。加油努力吧! 主持人进行总结:在之前给大家布置了一个小任务——写给未来自己的一封信,大家拿出信封将自己的信投入未来展望箱。 我们对昨天、今天、明天有了自己的看法,亲爱的爸爸妈妈们也有话想对我们说,下面有请家长代表刘雅菲爸爸发表一下家长们的看法吧。 感谢刘爸爸的精彩演讲。其实班主任也有话想对我们说,让我们来听一听娜娜老师的心声吧。 孙娜老师:今天我们的班会主题叫作"改变",大家见证了自己从军训到现在主题班会的自主举办,这就是一个改变。这次班会的组织到展示,全都是咱班的学生自己准备的,从原来的漠不关心,到现在的积极参加,从懵懂无知到深入了解,无一不体现了大家的改变。 就像我们之前刚刚经历的阅兵,我们的祖国在一步一步进步。(观看阅兵仪式) 我们的国家为什么会有如此之大的改变与进步?这和我们国家的与时俱进的品质是分不开的。希望同学们能够像我们的祖国一样,坚定与时俱进的品质,不断创新、不断前进。不忘初心,砥砺前行,成为最好的自己! 这学期结束后,我会将大家这节班会课上交的《致一年后的自己的一封信》发还给每个人,大家一年后再看一看今天写的目标是否已实现! 主持人:今天的主题班会到此结束。最后让我们感谢校领导、老师,特别感谢雅菲爸爸在百忙之中抽出时间来配合我们的工作,衷心感谢孙娜老师的栽培,让我们自己召开这一次特别的班会,我们不会辜负您的期望,一定会成为最好的自己。
【班会效果】	我们要时刻相信,人的命运掌握在自己手中。要用一种客观积极的心态,去拓宽自我的心地,去改变自我的固执。相信自己内心那些光明而温暖的力量,足以化解那些心底深处的懦弱。用一种人生向前的信念,去活出生命的宽阔和内涵。不管遇到什么样的困难,最后我们总会等到属于自己的暖阳。 改变心态,就是改变人生。过去无法挽回,明天还是未知,只有当下是实实在在的。不要为昨天买单,不要同过去较劲,如果不小心摔倒,爬起来继续奔跑。即使苦难注定要在明天来临,也没必要今天就为它付费。努力照看好今天,明天才会给你惊喜。

闪亮的绿植　美好的心灵

山东省青岛第十六中学　兰兰

走进我们班教室，首先映入眼帘的是一排排葱翠的绿植。每位到我们班上课的老师都说："你们班的绿植真多，看着心里也高兴，上课都变得轻松起来啦！"说起这些绿植，还有不少小故事呢。

开学伊始，我就接到了我们班安同学妈妈的电话："兰老师，我看咱们班地方挺大，我买了一些绿植送给同学们，这些花花草草既能美化教室，还能愉悦心情，也让孩子们动动手、浇浇花，放松放松心情。"

我一听真是个好主意。在期待中，同学们很快就收到了安同学妈妈寄来的绿植，郁郁葱葱、生机勃勃。其中有不少绿植是没有栽到花盆里的，我想我还不会栽呢，要不要请擅长园艺的老师来帮忙呢？正当我犯愁的时候，我们班的男生自告奋勇说："老师，我们会栽，让我们试试吧！"

这些整天坐在课桌旁的"温室里的花朵"还会栽花？我心里泛起了嘀咕，孩子们好像看出了我的疑虑，他们中午也不休息了，两人一组把绿植都抬到了楼前的草坪上，热火朝天地干了起来，我则站在旁边好奇地观察起来。

动手之前，女生安同学很细心地给栽花的男生们每人一副一次性手套。"真是个细心的女孩子。"我心里默默想到。开始栽绿植了，首先，李同学很专业地拿起铁锨，把买来的黑土和草坪上的黄土混合起来，他说这样的土质才是最适合植物生长的。何同学则是很有经验地先在花盆的底部放了几块瓦片，把底部的洞垫了一下，接着在盆底铺了一层土，又撒了一些肥料，然后又铺了一层土。李同学则慢慢地把绿植放到花盆的中央，他说他放假常常回老家，帮助爷爷一起种花移盆。"土不能压得太实，否则植物就没法呼吸，水一定要一层一层地浇，这样植物才能喝透喝饱。"李同学自信满满地向我们介绍他的种植经验。同学们还很细心地把发黄的叶子拔掉，把绿植摆成了好看的造型后才填上了最后一层土。铺完了土后，又浇了最后一遍水，让植物慢慢地吸收完水分，再把他们放到阳光下透气。几个男生做得有板有眼，不一会就把全部的绿植都栽好了。"还真是挺有经验的啊……"我在心里默默地感叹道。两个种植小能手忙活的同时，我还观察到另外两位男生用水桶打了水，给草坪上其他的已经干枯的植物浇了水。没有老师特意的安排，也没有忙乱与争执，大家各司其职、团结协作，很快一棵棵绿植都找到了自己的"家"，整个草坪上摆放的花草也都鲜活青翠了起来。

虽然只有一个午休时间的劳作，但却让我感触良多。首先让我感动的是同学们对劳动的热爱。他们都是家里的独生子女，可能在家里也没什么机会做家务活，但他们依然非常热爱劳动，把劳动当作一种义务、一种责任、一种身体力行去实践的担当，这也是与习近平总书记所倡导的新时代的劳动教育相吻合的。

其次，我还注意到有些同学很有生活经验，他们并不是温室中的花朵，而是广阔天地里的雄鹰，他们热爱自然、热爱生活，愿意在实践中挑战自己，在磨炼中历练成长。此外，我还发现了同学们孝敬老人、尊老敬老的优秀品质。面临紧张的学习生活，他们没有忘记自己作为晚辈应尽的责任与义务。"百善孝为先"，孝道既是我们中华民族的传统美德，也是中华好家风代代相传的保证，从他们的身上，我发现了家庭、家教、家风对他们性情品格塑造的影响。这其中最让我感动的是他们纯真、善良的心灵。没有要求与安排，他们主动地承担起自己力所能及的工作，在这一过程中，大家互相帮助、分工合作、认真做事、彼此信任，充分体现了团队的协调性与集体的凝聚力。凝神聚力，这是一种无形的精神力量，它把大家紧密地联系在一起，并成为每一位团队成员携手向前的内心动力，他们愿意通过自己的努力，把欣赏与快乐带给身边的每一个人。这是一群多么善良、多么懂事、多么热爱生活的孩子啊！

自从有了这批绿植，教室变得生机盎然，同学们的生活也变得朝气蓬勃。有些绿植还成为友谊的使者，被同学们送给了喜欢养花的传达室的老师们。这样一来全校师生一进校门，就感受到了浓浓的绿意与温情，体会到了同学们分享的新鲜与快乐。

随手写下这篇小文，感谢安同学的妈妈为我们创造的优美的教室环境，更重要的是铭记孩子们这份热爱劳动、孝敬老人、团结一心、分享快乐的纯真心灵。愿我们班的孩子们能够永怀对朋友的这份真诚、对生活的这份热爱，在美丽的十六中校园度过充实而快乐的高中生活，走出校园后，能够拥有更多的朋友，用自己的劳动与奋斗，拥抱美好未来、享受精彩人生！

共进：

展现师生
成长喜悦

与学生共成长

山东省青岛第六十八中学　孙娜

班级是一个小集体、小社会，管理班级牵涉到方方面面，大到社会、学校环境的影响，小到与学生、家长、老师的交流。我用"六心"来梳理这千头万绪的班主任工作。

一、用责任心打好事业底色

我与同事们交流时曾这样形容我的班主任生活：每天仿佛是一集十几个小时的宫斗剧，每天和五十几个"小主"斗智斗勇。有人说班主任是世界上最小的主任，也有人说班主任是学校里最辛苦的岗位。是的，班主任是班级工作的领导者、组织者和实施者，其工作光荣而艰巨。每天面对的是几十双渴求知识的眼睛；每天接触的是几十颗等待滋润的心灵；每天处理着学生中发生的大大小小的问题，甚至是家长的责问、质疑和求助。这些问题是每个班主任都得面对的，我们不能逃避、否定，更不能置之不理。

每一份职业都有其所担负的责任与义务。我个人对班主任的简单理解就是要对每一位学生负责。对学生负责了，就是对教育负责，就是对社会负责。家长将孩子送到学校，就是对我们的信任，我们要对得起这份信任。我们班有五十一名学生，这些学生在学习和行为习惯上是不可能都达到学校和老师要求的，特别是对那些学习成绩比较差而又不守纪律的学生，我们更需要有一颗高度负责的心。

二、用爱心帮助学生进步

我是 2020 年 9 月接手的这个新班，这个班里超过二分之一的学生是我之前完全不认识的，这对班级的管理与学生的教育产生了一定的困难。我认为，教育学生是先说情再育人，即学生一进入学校，我就先和他们搞好关系，让他们感受到我的真诚，感受到我是为他们好，教育他们是因为很在乎他们、关心他们，我是他们成长的引路人，从而让学生在学习和生活中自然地接受我的观点。在教育个别特殊学生时，我偶尔也搞点心理惩罚，有意识地冷淡一下他，让他尝尝违反纪律后那种难受的滋味，然后再找恰当的机会教育他。

前几天，班里有个男生，上课偷偷吃东西，顶撞任课教师。班里有很多学生为了不显生疏，都是叫我娜姐。我找他谈话时，他先叫了我一声娜姐，我说："你不用叫我这么亲，叫孙老师就好。"此时他已经知道我生气了。"你知道吗？今天你们地理老师回到办公室先叹了口气，说是自己能力不够，没有把你教育好，所以你才这样的。他还一直问应该怎么样才能帮助你提升成绩！"听完我的话，孩子低下了头。谈话过后，他去和任课老师道了歉。现在他果然变了，他总是怕我不管他，比之前更遵守纪律了些。

除了要有心理上的惩罚，还要有心理上的安慰。前段时间，一个学生在家里和父母因为误会大吵了一架，并且产生了肢体冲突，学生非常激动地回到了学校。我感觉他状态不太对，单独把他叫了出来，询问了原因后，我从他父母日常的照顾和平时与我交谈时所流露出的对孩子的关心入手，和他在教室外面谈了好久，慢慢地他平静了下来，回到教室自习。我又给孩子父母打电话说明了孩子的情况，让家长放心，同时也请家长多相信自己的孩子一点。第二个周末放假再回来，孩子高兴地和我讲周末父母和他做了一些什么样的事，去了哪些地方。

其实就是一句话的事，只要用心观察，细心引导，就会有一个很好的结果。

三、用社会心搭入世跳板

我在这想讲的社会心是想让学生提前感受社会的心。今年是我第三年当班主任，也是我第三次实施双向互选建组。开学一个月左右，我让全班学生投票选出八个组长，然后八个组长依据票数高低挑选组员。一次仅可选一个组员，一轮下来，八个组长都各选了一个组员。当然在这个过程中，组员如果不愿意可以不去，那么组长就要重新再选。

其实这个事情对于学生来说是有点残忍的。但是，高中的学生，最小的也是十六岁的大孩子了，还有两年就成年了，现在的家庭多半娇宠，学生基本没有机会感受社会，如果现在不提前接触社会，等到了社会中，就容易接受不了现实。与其让学生到社会上碰壁后退，不如在我这，让他们提前感受社会氛围，最起码现在还有我的疏导和庇护。

当然,这项活动不是随时都可以进行的,需要找一个合适的时间节点,当大家都比较熟悉时才可以进行,同时要注意学生互选完毕后的心理疏导。那天班会选完后,我一直疏导学生到六点半左右才走,其中有一些学生因为之前被家长保护得太好了,接受不了这样的残酷。第二天早读,我又和学生们分享了我从高中到大学,再到工作所经历的社会现实。学生们通过直接经验和间接经验两种途径提前感受到了社会的气息。

四、推己及人明学生心

我们每个人都是从学生那个年代过来的,也知道学生现在在想什么,所以偶尔换位思考一下如果我是学生的话,现在最想干些什么。

我们的学生虽然已经是高中生了,但终究还是个孩子,心里总会有些小情绪、小期待,比如当生日撞上上学日怎么办。为了满足他们的愿望,也为了缓解他们的想家情绪,我们班每个月第一个周利用周一班会时间进行全班范围的庆生会。凡是本月过生日的同学,都可以点歌。班里组了一个庆生小乐队,鼓手和吉他手是固定的,演唱人员是自愿参加的。学生对每个月第一周的班会都相当期待,期待是谁唱,期待唱什么。这也是一个激发学生潜能的舞台。上个月我们班有一个平时不太说话的女生唱了一首歌,一开口全班就震惊了。庆生表演完毕后,这个孩子的自信心也提升了不少。

高中生青春年少、风华正茂,正处于一个急于表现自己的年龄,但是有的能力难以在课上展示,所以我就积极寻找能够在平时让他们展示能力的途径,比如公众号。我在第一年当班主任时就建立了一个公众号:娜娜和她的小盆友们。这几年学生在变动,但是这个号一直保存着,延续使用,平时我会让一些文笔比较好的学生写点文章或者新闻报道发到公众号里。比如运动会的策划与组织,我会让学生们自己进行策划,然后根据分工,各组提交竞标书、规划方案,最后竞标成哪个项目,就负责组织哪个项目。比如前一阵我们举办的市级公开班会,有两个学生平时非常内向,但是特别有画画天赋,我就让他们创作对抗疫人员表达感谢的画作,并且在班会时向全体同学讲一下创作意图,充分展现了他们的才能。

五、事无巨细行父母心

班主任其实就是五十多个孩子的家长。日常工作就是操心学生的生活起居、学习作业。虽然在某种程度上,我自己还是个孩子,但是一旦到了班主任这个角色上,就立刻转换,既要能当得了妈妈,细心观察照顾学生平日学习生活,也要当得了爸爸,修凳子椅子和橱门,给予他们坚强的臂膀依靠,还要当得了班主任,进行教学与管理。

高一开学的第一个晚上,很多家长就打电话咨询孩子在校的情况。为了让家长们放心,也为了能让学生们表达一下平时想对父母说却羞于说出口的话,我准备了一个小萌新家书系列,上是我对学生们想说的话,中是学生们想对家长们说的话,下是家长们对孩子们想说的话。大部分家长是第一次收到孩子的信,也是第一次给孩子写信,虽然文采一般,但是真情流露、感人至极。

高中生一个周只有一天在家与家长相处,大部分时间在学校,家长们都非常想知道孩子们在学校的情况,我将学生平时在班里的一些日常选择性地发送到家长群,让家长及时了解孩子,也了解老师们的工作,更加有利于班级和家校事务的开展。

六、春风化雨润感恩心

当下的学生对于"感恩"这个词多少有点陌生,因为他们认为有一些事情是别人应该为他做的,如果没有帮助学生在成长的拔节孕穗期树立正确的三观,那么会对他们今后的人生道路产生极大的负面影响。疫情复课前夜,我给班里的孩子写了一封信,信中大体内容就是通过这次的疫情,我们重新认识了一些人与事,我们要感恩祖国、防疫人员、无偿捐赠抗疫物品的群体与个人,感悟知识的重要性,理性崇拜偶像追捧明星,感悟中国特色社会主义的优越性。

这学期开学后,我私下联系了一些朋友,帮忙找到了一个慈善机构,全班组织了捐赠,将今年这个冬天感受的温暖传递给需要的人,将这份爱延续了下去。我们将精心挑选的衣物和书籍通过机构送到了有需要的人手里,又选出了一部分适合高一学生拓展知识的书本、画本与彩笔送给了我们学校刚到青岛的高一内高班学生。最后通过公开班会对这一系列活动做了总结,每个人写一封信,写给想感谢的人,我帮他们进行投递。学生可能不会通过这个事情有非常直接明显的变化,但是感恩之心一定会在潜移默化中萌芽生长。

在班级的管理过程当中,我有一些感悟,也有一些困惑,比如,我们现在这个班是典型的文科班,政史地组合,班里的男生过少,女生非常优秀,男生对比之下稍有逊色,我一直在寻找一个调动班级里男生的学习积极性的办法,也希望通过这个机会与大家交流。

三人行,必有我师焉。我是学生的老师,倾心倾情工作,给予他们教导与支持;学生也是我的老师,真诚尽力成长,给予我启迪与鼓励。我们共同进步,且行且珍惜。

唤醒尊严价值,绽放生命之花

——浅谈高中思想政治课生命教育活动的开展

山东省青岛第六十六中学　成方岩

生命教育是以人类的生命活动为主题的教育活动,它以生命为中心,通过适当的教育手段,旨在帮助青少年们认识生命、珍惜生命、爱护生命,进而享受生命、超越生命,提升个体生命质量,获取生命的真正意义。生命教育应该是当前教育体系所追求的最高目标。高中思想政治课作为生命教育的显性课程,包含丰富的生命教育信息,同时作为学校教育的主渠道,对学生进行生命教育具有得天独厚的优势。因此,可以把生命教育与思想政治学科有机结合起来,不断渗透、逐渐增强学生的生命意识,大力挖掘教材丰富的生命教育资源,运用各种方法手段对学生进行认识生命、珍惜生命、尊重生命、热爱生命、提高生存技能和生命质量的教育活动,每一位思想政治课教师都应该成为生命教育的响应者和践行者。

一、创造民主平等氛围,唤醒价值尊严,让课堂成为充满爱、唤醒爱、点燃爱的世界

早在古罗马时代,教育家普鲁塔克认为"学生的心灵不是一个需要填满的罐子,而是一颗需要点燃的火种"。但是,应试教育的沉重压力,以及传统思想"严师出高徒"的影响,使现代教育的课堂甚至出现教师控制教育教学全过程的局面。教育的职能仅仅停留在传道授业解惑层面上,极难走入与学生心灵相通、人格平等的朋友境界。部分教师甚至对学习成绩不好、犯错误的学生进行讽刺挖苦,使得那些学生受到排挤,个性心理受到压抑,感受不到成功的阳光,严重影响学生的身心健康发展。学生的独特见解和创新型思维模式往往被教师"格式化",师生关系被严重扭曲,师生不平等、师生对立的现象屡见不鲜,矛盾冲突加剧甚至会造成悲剧。

新课程理念的提出,使这种旧师生关系受到一定程度的冲击。新型的师生关系应该是一种平等的、民主的、互尊的、发展的师生关系。政治教师更应该适应时代发展的需要,适应新课改的需要,改变过去注入式、填鸭式教学,多一些灵动、多一些赏识、多一些激励、多一些尊重,从理解人、尊重人、关爱人的角度出发来教育学生,使学生能够健康地成长。构建新型平等而互尊的师生关系,打造民主、平等、充满爱的课堂,就是要通过学生的切身体验来激发学生的学习兴趣,提高学习效率,从而促进学生心态的开放,健康人格的养成,推动学生的生命意识和主体意识的积极发展与完善。

首先,教师要明确学生的主体地位,要尊重学生。在教学实践中,教师应该让学生主动参与,学会自我教育、自我管理、自我成才,使学生的个性得到全面发展。教师必须尊重学生的主体地位,把课堂还给学生,不能漠视学生的存在,把学生看成汲取知识的容器,把课堂变成教师的"一言堂"。我们要勇敢打破那种"我写你记,我讲你听,我出题你解答"的传统模式,大胆地、尽可能让出更多的时间让学生当主角。把讲台让给学生,让学生走上讲台,表演情景剧、进行演讲、展开辩论等。让出讲台就让出了学生思考问题的天空,让出讲台就让出了学生施展才华的舞台。这样,通过课堂上时间和空间的让渡,调动学生的积极性,培养学生的学习热情和主动性,促进他们的思考力和独创精神的发挥,有利于他们真正理解知识、增长智慧。这样学生才能够体会到学习的乐趣,从而进一步感受到生命的价值所在。

其次,教师要尊重学生的人格,要热爱学生。在课堂上,每一个学生都是一个大写的"人",都有独立平等的人格尊严,然后才有成绩的差异好坏。教师要以尊重、平等的情感去对待每个学生,而不能单纯以分数高低将他们分为三六九等。教育不能没有爱,没有爱就没有教育,爱是教育的灵魂。给学生以尊重,学生才能感受师生的平等,才能感受自尊的存在、生命的乐趣。一旦他们觉得失去自尊,他们就会失去向上的动力、精神的支柱,由此导致消沉。课堂上教师要尊重学生的人格,切不可用挖苦、讽刺、侮辱性的语言来对待学生。对学生的发言,不管其回答如何,教师都应给以赞扬、鼓励、肯定,避免挫伤学生的积极性。要热爱学生,只有热爱学生,才能正确对待、宽容学生所犯的错误,才能耐心地去雕塑每一位学生。陶行知先生说过:"你的教鞭下有瓦特,你的冷眼中有牛顿,你的讥笑中有爱迪生。"只有在轻松愉快的交流中,学生才能"亲其师、信其道",从而思维活跃、信心增强,敢于大胆质疑,发表自己的见解,感受到自己存在的价值和尊严,而教师也会发现在这些不同见解背后所闪耀的智慧的光芒。

二、挖掘生命教育资源,感受尊严价值厚重,让政治课堂启发人生追求,焕发理性光辉

高中思想政治课是为学生思想品德健康发展奠定基础的一门综合性课程,学科本身具有丰富的生命教育资源。教师如果忽视学生是完整的生命体这一客观事实,一味地强调知识目标的实现,充当教材的搬运工,那么单调的知识灌输会让课堂教学死气沉沉,课堂沦为单调沉闷的说教课甚至是"睡觉课",学生也就无从感受到课堂应有的活力和乐趣,更谈不上身心健康成长。因此,高中政治教师结合课程教学目标和学生的生活实际进行教学就显得尤为重要,应充分挖掘教材中的生命教育资源,加以引导学生发现生命的可贵、感受生命的意义、追求生命的价值,让课堂教学投射出生命的气息和智慧,学生自然乐于其中。

高中政治必修四《生活与哲学》教材集中了许多关于生命教育的名言警句、诗词歌赋、哲理故事,或使人豁然开朗,或使人热血沸腾,或使人警醒反思,或使人心灵震撼。只要教师运用得当,触及学生的心灵深处,就会点燃学生的情感,帮助他们正视生命、珍爱生命,理解生命的意义,从而达到启智明理的育人效果。

1. 认识生命,热爱生活

学习第四课《探究世界的本质》时,我引用了天体起源、生命起源和人类起源方面的一系列视频和图片资料,向学生直观、生动地展示地球最初的生命是由非生命物质经过极其复杂的变化、极其漫长的过程一步步演变而来的,强调人类诞生的复杂性,让学生明白自然界先于人和人的意识而存在,认识到人类生命来源的复杂性,从而使学生意识到人的生命的可贵与神圣:相对于无机物而言,作为有机生命降生于斯世已是一种幸运,生而为人更是幸中之幸,所以我们应当怀着一颗感恩之心和对生命的敬畏之心。引导学生深刻地思考生命及其存在的价值和意义,就是让学生清醒地意识到生命的短暂性和有限性,让学生有一种时不我待的紧迫感和人生规划意识,为自己的人生负责,做自己人生的设计师和命运的主宰者,为自己找到最适合的位置,让潜能发挥到极致,让生命延续到极致,让自己的一生活出最大的价值和意义。

2. 珍爱生命,学会生活

在讲授《用联系的观点看问题》时,我让学生体味《今日诗》中"今日复今日,今日何其少。今日又不为,此事何时了?人生百年几今日,今日不为真可惜!"学生对昨日、今日与明日进行思考,拓展延伸到对量变与质变的辩证关系的思考,从而启示自己在日常学习生活中,要重视量的积累,从点滴做起,努力做好每一件事,做好每天的事,日积月累,必然取得成功。

第二次世界大战期间,伦敦给养司令部墙上的那首著名的"1620 年摇篮曲"也为学习"联系的观点"做了很好的诠释:"为了一枚铁钉,竟失去了一只马蹄铁;为了一只蹄铁,竟失去了一匹战马;为了一匹战马,竟失去了一位骑手;为了一位骑手,竟失去了一次战役;为了一次战役,竟输掉了一场战争;为了一场战争,竟亡了一个帝国。"一枚铁钉与一个帝国的故事深深震撼了学生,他们由此深刻地理解了整体与部分的辩证关系,并明白了看待任何事物、完成任何一项任务,都要有整体的观点,要具有全局的眼光,要从事物的总联系中认识它的各个部分,切不可目光短浅,因小失大;同时还要重视部分的作用,在待人接物时,"勿以善小而不为,勿以恶小而为之"。

3. 尊重生命,享受生活

哲学模块"规律"这个知识点具有一定的抽象性,我引用了学生耳熟能详的"离离原上草,一岁一枯荣。野火烧不尽,春风吹又生"来说明规律是客观的,它的存在和发生作用不以人的意志为转移。学生能深深地体会到新事物具有强大的生命力。尽管有严寒相逼,有野火摧残,小草依然会在春风吹拂下发出蓬勃生机;与其诅咒黑暗,不如燃起蜡烛;要敢于对命运说不,勇于向命运挑战,奋起冲击生命的制高点,铸就人生辉煌。

德国教育家斯普朗格说过:"教育的核心是人格心灵的唤醒。教育的最终目的不是传授已有的东西,而是要把人的创造力诱导出来,将生命感、价值感唤醒。"教师的责任就是为学生创造诱导和唤醒的条件。我们进行生命教育,要着眼于全体学生的身心和谐发展,为学生终身幸福奠定基础;着眼于学生个性健康发展,为提升学生的生存能力和生命质量奠定基础;着眼于增强学生在自然和社会中的实践与体验,为营造健康和谐的生命环境奠定基础;着眼于引导学生进行生命价值的思考,为其树立正确的生命观奠定基础。我们高中思想政治课的生命教育活动就应为此而不懈努力。

逐梦高三,扬帆起航

——给新高三同学们的五条复习建议

山东省青岛第六十六中学　王璐璐

暑假即将结束,我们马上迎来新的"开学季",2019级的广大高三学子们,你们是否已经做好充分准备迎接这最具挑战的关键一年？"寒窗苦读十二载,金榜题名一朝时",在紧张有序的高三复习中,如何有效攻克重重难关、突破复习瓶颈,取得理想的高考成绩？老师要为你送上几招制胜法宝,帮助你一路披荆斩棘、登上顶峰！

一、调节情绪,学会坚强

高三学习生活注定是忙碌、劳累的,备考过程中你会切身体会到什么叫夜以继日,什么叫收效甚微,什么是屡败屡战。但面对困难,要有积极的情绪和坚强的意志。

良好的情绪,能促使人积极思考,成功解决问题。相反,消极不良情绪则会干扰大脑的活动,智力活动受阻。高三复习中,同学们必须学会并善于控制和调节自己的情绪,做情绪的主人,才能保证学习的效果。同时,更要学会坚强,要有对胜利的强烈渴望,要有顽强斗志和勇气,去战胜懦弱与懒惰,你才能真正享受奋斗的充实与快乐,挖掘出身体中潜藏的无限能量。

二、结合自身,制定计划

在复习备考中,只有雄心壮志和决心是不够的,必须要结合自身实际水平,制订一个全面、翔实、易于实施的复习计划,以明确自己的复习方向和目标,督促自己及时完成学习任务。同学们制订复习计划的时候,一定要根据自己的能力、精力以及时间来制订,不能太过理想。

制订复习计划,要做到以下两点。第一,必须把一天的全部生活列入计划中,安排好常规学习时间和自由学习时间。常规学习时间主要用来完成老师布置的学习任务,消化巩固当天所学的知识。自由时间是指自己可以灵活支配的学习时间,主要任务是查漏补缺、提高自己。因此,制订复习计划的重点是如何利用好自由学习时间,如何将每一天的零星时间利用起来。第二,长、短计划相结合,要把一个较长时间才能完成的复习任务分解到每月、每周、每天;在每天复习时,心中要明白当天任务在整个复习全局中的地位,明确每天完成的复习定额,提高复习的效率。要建立一个属于自己的"学习计划本",充分利用好每一天。

三、紧跟老师,听取建议

有自己的学习计划固然好,但同学们不能盲目追求"自主学习",因为有经验丰富的"教练"的指点,可以助你少走弯路、事半功倍。高三的各科老师都是学校信任、教学能力较强的教师,复习中跟着老师走,"大方向"一定错不了。各学科老师会根据学科特点有针对性地制订阶段复习计划,所以要充分相信老师,多听取老师的建议,不要盲目独辟蹊径,浪费更多精力,以免在考试中吃亏。

高三复习过程中,课前提前预习,课上跟紧老师,课下还要多与任课老师交流沟通,每次考试后如果能单独找老师交流指点,老师能够精准为你把脉,给予更有针对性的指导意见和复习建议;同时还能帮助你疏导压力,正面激励,给予动力。一箭双雕,何乐而不为呢?

四、良好习惯,事半功倍

高三复习,要在有限的时间内取得最佳的复习效果,良好的习惯至关重要。很多优秀学生的成功经验中都有很多共性的法宝:第一,有认真预习的习惯;第二,有专心听讲的习惯;第三,有及时复习的习惯;第四,有独立作业的习惯;第五,有建立错题本、及时总结的习惯;第六,远离诱惑,保持专注。

高考备考,我们不主张同学们搞"疲劳战""题海战"。要保证自己不在同一个地方摔倒,就要有疑必问、有错必改,通过建立错题本,及时总结反思、举一反三。高考备考的最关键时刻,请同学们把分散学习注意的"诱惑"暂时搁置一旁,手机、游戏统统远离,提高自己的自制力和专注力。

五、科学用脑,高效复习

高三紧张的复习竞争,更多的是脑力竞争,复习的成效并不是比谁学的时间长,而是取决于大脑皮层所处的状态和最终学习效率。因此,高三同学们能掌握科学用脑的方法,就能有效提升学习质量与效果。

抓住每天四个学习高效期。第一个高效期:清晨起床后,大脑没有新的记忆干扰,适合学习一些难记忆的知识,如外语、定律、历史事件。若强记不住,大声念几遍,也有利于记忆。第二个高效期:上午八点至十点,精力充沛,大脑易兴奋。第三个高效期:下午六点至八点,利用这段时间来回顾、复习当天学过的东西,是归纳整理的黄金时间。第四个高效期:入睡前一小时,对一些难于记忆的知识加以复习,不容易遗忘。

文理学科交替学习。大脑喜新厌旧,学习内容要常变换。复习时不能把相近的学习资料放在一起学习,要间隔开来,注意文、理科交替复习,这样既可减轻疲劳,又可避免相近学科相互影响。从一种学科过渡到另一学科时,中间应该有所停顿,使大脑稍微松弛一会儿,休息一下,这样便于集中精力转换到另一学科。

劳逸结合让大脑适度休息。埋头苦学时间较长,连续用脑时间过长,会产生脑疲劳,表现为注意力不集中,头昏脑涨,反应迟钝。因此,高三同学们要劳逸结合,学习一个小时应休息十分钟左右,休息方法:一是闭目养神安静休息,二是进行课间活动。课间十分钟从事室外活动的同学比坐在教室内继续学习的同学,下一节课的学习效率高 10%。所以不要小看这课间十分钟的效力,大家要利用课间给大脑"充氧""蓄电"。

适当参加体育锻炼。加强体育锻炼,增加大脑对营养物质和氧的摄取量。心理学研究指出,将一天八小时的学习时间减少一小时,用于体育活动,学习效率比八小时全用在学习上要高,这是因为体育锻炼和体育活动能提高脑功能。

为大脑补充喜欢的营养。高三学习,要注意合理饮食、营养丰富,保证一日三餐吃得及时、吃得营养,为学习保驾护航。高三学生要及时补充大脑喜欢的食物,如鱼、肉、蛋、奶和坚果。

亲爱的高三同学们,开学后,你们就正式迈入高三赛道,抓紧宝贵的每一天,行动起来!乾坤未定,你我皆是黑马!胜负未分,你我皆有可能!希望高三学子们以梦为马,不负韶华,2022 年高考金榜题名!

用心浇灌　让爱闪光

山东省青岛第六十六中学　成方岩

班主任广博的爱心就是流淌在班级之池中的水,时刻滋润着学生的心田。它是一种巨大的能源,是学生积极向上的动力,是点燃学生心灵的火花,是后进生能够进步的希望。

教师的一项重要的职责是传授知识,但是,如果我们的教育仅仅停留在讲课、听课、辅导、考试、选拔上,而忽视了学生情感的教育和培养,忽视了爱的传递,那么,我们的教育是危险的。作为教师,我们的一言一行都在深深地影响着班里的每一个学生。只要我们在教育中真心地付出了我们的爱,我想收获的一定是爱的果实,培养的一定是未来社会上的真正的人!

一、以爱育爱,薪火相传

教师的一言一行对学生起着潜移默化的作用。常听说,什么样的班主任就会带出什么样的班级。教师对学生的真心的爱的付出,不是喊口号式的"同学们,老师爱你",不是仅仅在学生生病的时候叮嘱一声"好好休息",而是体现在身体力行中、言传身教中。

在十多年的班主任工作生涯中,我都会在七点前进入教室,其他的正课或者晚自习,也都是按时进课堂,让同学们看到老师不迟到,那么对他们也有一种督促的作用。

在学习方面,我会用自己的精心备课,认真、及时、全面地批改试卷等,告诉同学们,学习是一项复杂的工程,任何一个环节都需要我们全身心地投入,聚精会神地做,这样才能取得成功。

教室里,无论何时何处,即使有一点点的小纸屑或者一小段粉笔头,我也会立即捡起来,扔到垃圾桶里;讲桌上有一点粉笔灰,我也会找抹布擦干净;扫帚倒了,赶紧扶起来;花缺水了,赶紧浇水。而且在做这些事情的时候,我是发自内心的,自然而然的。所有这些,学生都看在眼里,我用我的行动来表达对他们的爱:教会他们怎样做事,怎样做人!在老师的一举一动中,他们也真正体会到了老师爱他们,从而将这份爱传递下去!

二、情感交流,心心相通

成功的教育者,总是注重与学生进行情感的交流、思想的沟通。只有平等地对待学生,理解和倾听学生的心声,才能深入学生的内心,师生感情才能和谐融洽,学生才能"亲其师,信其道",进而"乐其道,学其道"。

中途接手班主任工作,很重要的一件事就是尽快、尽早与学生融到一起。为此,我充分利用周记这个平台,加强与同学们的交流与沟通。每周末,安排一个主题,或者与学校的校会一致,或者根据班级的具体情况制定,周一早晨全部交齐,我会当天批阅完,下午班会的时候,选择合适的内容与大家一同分享。对于每一份周记,我都会认真仔细地批阅,哪怕是一个小小的错别字,我也会给改正过来。我读着这些文字,就像是与学生在进行面对面的交流,每一段评语,都是在与学生进行心与心的沟通,而学生们也总是给予了深厚的回报。

在周记《新疆　青岛　梦想》中,瘦瘦小小又总爱笑的东乡族同学马永美写道:"我们从新疆各地聚到这里,组成一个大家庭,我们一起生活、一起学习,我们相亲相爱、互帮互助,携手走向美好的明天,相信我们一家人可以快乐地一起去完成我们的梦想。"

在周记《班主任不在家》中,班里的"黑美人"姑再丽阿依同学写道:"一个星期没看到老师,没听到老师的唠叨,真的,心里挺不舒服的。很想念老师那温柔的声音,就好像在家里,妈妈出差,没人给你做饭,没人天天在你耳边唠叨,感觉心里空了一块位置。嗯,真的有那种感觉。老师,我们都想你了!"

《我爱我家》《我考试,我诚信》《我的时间我做主》《论惰性》《习惯的力量》《我的2011》《相约新学期》《老班一不小心拖堂了》等等,这些周记,都记录下了同学们的心路历程,记录下了老师与学生之间的情感交流,记录下了同学的情谊、生活的美好。我和同学们一起分享学习的快乐,分享友情的快乐,分享成功的喜悦。

三、关注后进,润物无声

金无足赤,人无完人。一个心智还没有完全成熟的学生有或多或少的缺点和不足实属正常。他们的心里也同样有自我肯定、自我完善的需要，他们也希望能得到集体和他人的尊重。一个优秀的教师往往善于发现和勇于表扬后进生的闪光点，及时给予肯定和鼓励，将他们从被人遗忘的角落拉回到班级正常的运行轨道，用和风细雨、润物无声的方式滋润着他们的心田，用赏识的心态和眼光促使这些孩子向着更好的方向发展。

我曾经接手过一个高三班级，有一个男同学中考超过普高线将近30分，在班里是中等偏上的水平，而且智力水平也比较高。但是他比较贪玩，惰性思想较重，吃苦精神不够，学习动力不足。家长对他的要求也不高，能拿到毕业证，考到专科学校就够了。这样的情况下，他对自己的要求越来越低，高一和高二两年，与他相伴的词就是"迟到、旷课、睡觉、玩手机、看小说、打游戏"。随着成绩的下滑和老师、家长对他的批评增多，他越来越厌学，直至破罐子破摔。接班后，我每周都会抽出时间和他进行两到三次交流。我了解到，他在初中当过两年班长、一年团支书，是老师眼中优秀的学生。但是进入高中后随着课程难度的加大，自己的目标越来越低。从这个切入口入手，我着重跟他谈我对他的惋惜之情，恨铁不成钢的遗憾，让他感觉到老师对他的肯定、欣赏与鼓励。他一直强调："我落下太多功课了，跟不上，学不会。"我反问："你根本就没有去试着跟上，怎么知道跟不上？"最终，在第四周谈话结束前，我们达成协议：从本周开始，不再每节课都睡觉，而是先选择数学、政治和历史几门他比较有兴趣的学科认真听讲，努力完成作业，然后再一步步增加认真学习的科目。在这个过程中，我一直关注他各科的学习，不断地给他加油鼓劲。半个学期过去，他的学习成绩前进了十名，能够从几乎完全放弃学习转向了积极主动地学习，自信心也大大增强！后来在我们的一次谈话中，他对我说："成老师，我觉得你和别的老师不一样的是，你特别能坚持，特认真，说过的事情就抓住不放，而且不是用发脾气的方式来强迫我做事情。你要是强硬地逼着我去做，我肯定会和你对着干的。"可以看出来，他认可了我这个新班主任。

爱是班级管理的润滑剂，会减少乃至消融被管理者的阻抗。老师的工作主要就是用学生可以接受的方式表达和传递对他们的爱，让他们在不知不觉中感受到老师对他的爱，努力做到"润物细无声"。如果做好了这点，学生就会自觉地按你的要求去学习、去生活。

苏霍姆林斯基说过："当你培养出具有爱心的孩子，他就会对教师的爱很敏感，并以好心还好心。"教师将爱传递给学生，学生获得了知识，提高了能力，懂得了感恩,感悟到了"赠人玫瑰,手有余香"的快乐,他们就会将这份爱传递下去,这样,我们得到的就是一个美丽的、充满爱心的世界!

高三的你,咱们聊几句

山东省青岛西海岸新区胶南第一高级中学　李明强

高三的你们告别了高二时的彷徨,已经开始了高三的一轮复习,但是到半个月左右的时候,同学们可能就会因为枯燥的知识、做不完的试卷而厌倦。因此,我要给大家提三点小建议。

一、目标

为什么打游戏可以一坐就是半天,不喝也不动?因为游戏都采取升级进阶的机制,一整套强大的激励系统,让人感受不到来自身体的不适。因此,要让自己能够坚持得住,沉浸在题海里,就要不断地达到小目标激励自己。除了以学科、知识点去分解目标外,同样也要注意按照时间为界制定短中期目标,比如周测、月考或一份学科的课堂测试要达到什么阶段性成果,这样才能让自己有盼头、有获得感。当然这个目标不一定是名次,还可以是分数,也可以是某类型题的掌握。

二、规划

在制定规划时,一定要留出总结和归纳的时间。现在很多同学有一种错误的观念,误把手段当作目的,以做题的数量和速度来检验自己复习的效果。实际上,做题和归纳总结的时间中,归纳总结应当占到总时间的至少三成。做题只是发现漏洞或演练方法的一种手段,关键是做题之后有没有成果保留下来,对知识点和解题方法的储备有没有提供帮助。如果只是简单地重复劳动,其实是在浪费时间。复习时勤奋地做题是一方面,另一方面也必须辅以思考和沉淀的过程,把做题中的收获化为自己真正掌握的能力。比如说,用一道题掌握一类题的解法,或用一道题演练三种方法,就要好于重复做十道题。

三、调整情绪,适度原谅自己,保持自信

当同学们发现自己被焦虑、紧张等负面情绪困扰时,不要惊慌,要先去接受它们的存在,随后积极调整自己,可以采取运动、聊天、欣赏舒缓音乐等方法去转移、分散注意力。当状态恢复平稳后,要把容易产生催促感的情绪转换为继续努力的动力。管理好自己的情绪才能克服备考中遇到的困扰,顺利走好日后的每一步。

面对繁重的学习任务,许多高三同学对学习效果的自我期待过高,结果常常不能如愿,这时就需要接受小失败的现实,接受自己的不完美,适度地原谅自己,不要总是在对自己的不满意中空耗心理能量,要相信自己在后面的努力中可以追赶上。

衡量高中生活是否精彩的标准不只是高考成绩,还有奋斗的过程中你是否获得了坚忍的意志、是否学会了控制自己的情绪、是否接受平凡而又不甘平凡的自己、是否让自己在考验中不断成长。经历了高二的迷茫和疫情下的网课,相信高三的你能够"静"下来复习,找到题目之间的联系,找到题目中的本质,找到奋斗的自己,体会最充实的高中生活,坦然等待高考成绩的锦上添花!我们的家庭需要你,我们的国家也需要你,需要你这块经过高三锤炼后大放异彩的金子。加油!

很高兴遇见你!

山东省青岛第六十八中学　孙娜

嘿,朋友:

见字如面,如问安好!

这是你高考前的最后一次放假!此时此刻的你,是在家准备高考复习,还是在准备庆祝你的节日呢?是在和 sin、cos 做斗争,还是在海底捞和家居餐之间纠结?是在为难得的一天假期 happy,还是在为明天的返校犯愁?

今天是 2019 年 6 月 1 日,距离你走进高考考场还有一周,我突然想坐下来,给你们写一封信,把我想对你们说的话记下来。

提笔,想和你们说的有很多,却又不知从何说起了。

有的时候在你们上自习时,我会坐在最前面的桌子前,望着你们,发呆。看到埋头苦读的你们,我突然领会到当年我的高三老师们在讲台上望着我们的心情,以及那饱含深意的眼神。

我还记得,那个拿着没考好的模拟试卷面无表情走到我跟前的女孩,我说了许多,但她都只是点头,不言语。当我问到她对这次考试有什么想法时,她的眼泪哗的一下涌了出来,说:"我怕这次是我的真实水平。"孩子,就算这是你的真实成绩又如何!这只是模拟练习,又不是最终的高考,你怕什么!你怎么敢确定最后的时间段里,你冲不上去?在这一点上,你们没有遗传到我的"厚脸皮"基因。

我还记得,那个五点起床、站在舍管阿姨门外敲门拿钥匙的孩子,清晨虽然没有阳光,但你的背影,在山雾中显得那么明亮、那么耀眼。还有那个午休时间在班里左手拿着水果、右手拿着书本的孩子,那个抱着课本在宿舍床上背书的孩子,那个一犯困就使劲掐大腿的孩子,那个一到背书时间就整节课站着背的孩子,那个发着烧穿着两件厚外套坚持上课的孩子。人生有很多时候,不是一帆风顺的,你可能会需要付出多一点努力才能达到目标,但你要相信,道路虽曲折,前途是光明的!多年之后,你会感激当年付出努力的自己。

我还记得,那个晚上,看到我值班后,悄悄溜出来拉着我的衣角跟着我的女生。当我领着她回到办公室坐下后,她号啕大哭。"没什么,就是想抱着你哭一会。"其实我知道,她是遇到了瓶颈期,我没有点破,而是给她讲了《我与我的高中数学的三年》的故事。每个人都会遇到瓶颈期,有的人一眨眼就过去了,有的人可能要经历许久。我就是属于后者,我的数学一直到高三才突然开窍,最后考了 120 分多一点。如果没有前面两年的量的积累,最后一年,不会有后面质的飞跃。我的瓶颈期,靠积累和心态才能顺利通过,那么长的时间我都能熬过来,更何况我培养出来的如此优秀的你们呢!

我还记得,那个跟我说,让我在学校好好干,四年之后要回来成为我的领导的孩子。虽然只是一句玩笑话,但我还是很欣慰,因为你已经找到了自己的人生目标。当然我也记得你们承诺要带我去迪拜和月球逛一圈的这个人生目标!还记得我上课讲哲学的联系多样性吗?我们现在的联系是师生、是朋友,毕业多年后,我们也可能是同事关系。当然,也可能是上下级关系。我愿意当那个培养出优秀领导的下属!

我还记得，那个第一天考试没考好、第二天在班里抹眼泪的小朋友。孩子，你的考试科目是四门，不是只有一门，第一天没考好，还有第二天啊！我再次领着你们复习一下著名的"我的高考英语事件"：高考英语那场，我摁完手印之后就不小心睡着了，听力最后的"叮"声把我叫醒了，听力一个单词也没听着，两分钟蒙完所有答案选项，接着做二卷，最后高考英语成绩不到一百三十分。你们说那是底子好，但基础再好心理素质不行也没用，不要因为一点 bug 而影响整体，从全局出发，综合考虑，调整好心态，你还有其他几门科目等着你"拯救"呢。

我还记得我们的点滴，我还记得你们的所有。

今天是个平凡而又普通的日子，它是你璀璨人生中的一小部分，但它同时也是距你人生重要时刻更近的一天，我想告诉你们的是，距离高考一百天，五十天，三十天……这些重大的日子里有仪式感重的鼓励活动，在距离高考七天的时间，我也没忘记，用我独特的方式给你们鼓励，希望你们记住，无论何时，只要你们回头，就一定能看见我！

其实，在高考填志愿前，我就已想好要选报师范类，我不知道别人是为了什么，但是我是因为喜欢才报考的，因为在学校里，我可以经常和你们在一起，和生机勃勃在一起，和青春在一起！

看到现在的你们，我仿佛又回到了八年前的那个夏天，你们让我又重逢了青春，又看到了生机与希望。

林徽因笔下有人间四月天，它柔和而又清爽，你们就是人间的六月天，炽热而又生机勃勃！

嘿，朋友，很高兴遇见你！

很高兴遇见你，人间六月天！

做一个倾听者

山东省青岛第十六中学　时甜甜

现在的学生心理问题多样而复杂，他们普遍不愿意找人倾诉，原因是人与人的不信任以及不知该找谁倾诉。作为老师，我们首先要让学生信任我们，其次我们只需扮演一个倾听者。

我刚接触小 A 的时候,感觉她性格稍内向,但喜欢帮助其他同学,与她谈话非常愉快,她跟老师也是畅所欲言。同时小 A 同学自入校以来一直表现得非常好,平时严格要求自己,在学习上努力刻苦,虚心向其他同学学习,可以说是一个品学兼优的好学生,给我留下了很好的印象。我认为这个孩子会一路顺利地结束高中生活……

疫情之后,刚开学不久的一个中午,小 A 走进了我的办公室,面带笑容地说:"时老师,您下午有时间吗?我想和您谈谈。"我热情地回应:"当然有时间,随时欢迎你。"小 A 经常与我谈论学习的困惑,所以这次我也认为她是最近学习上有困惑了,需要我的帮助。

下午,小 A 如约而至,坐在了我旁边,她虽然脸上带着微笑,但我明显感觉到她和以往不一样,她显得很局促不安,我断定这次沟通一定需要很长时间。我主动开口:"下午我都没有事,你有任何问题都可以和我说说,看我能不能帮到你,或者给你出谋划策。"黄豆粒般的泪珠止不住地从小 A 的眼眶里倾泻而出,我急忙拿出纸巾帮她擦眼泪,握着她的手安慰道:"没事没事,有什么问题和我说。"她渐渐平静下来,我用力抱了抱她,轻轻地在她耳边小声问道:"现在可以说了吗?"她点点头说:"时老师,我一直学习压力特别大,父母对我的要求特别高,初中时学习成绩还不错,到了高中我明显感觉学习上有些吃力,每天我都很努力地学习,但学习成绩就是提不上去,我也挺着急,但父母总说我是因为没有努力学习,所以学习成绩提不上去。前几天我在家偷偷地划过手腕。"说着,撸起袖子给我看了看,我倒吸一口凉气,双手握着她的手,她继续说道:"不过他们不知道,我现在不想回家,回到家就感觉特别压抑,做什么事情都是小心翼翼,每天放学我就在教室多待一段时间再回家。每天最期待的事情就是来学校,咱班的同学都很好,老师也都很和蔼,我在学校感觉特别轻松,特别开心。"她说完冲我笑了笑,还是和以前的笑容一样那样甜,但我感觉这次是发自内心的笑,她心中压抑许久的话语终于全部说出来了。"孩子,现在好受多了吧?任何事情都是有办法解决的,千万不能做傻事……"经过一下午的倾诉,小 A 的情绪明显好多了,我和她约定我会和她的父母间接沟通她学习上的问题,她有问题随时找我。

后来这件事圆满地解决了,她跟我说:"老师,我现在很好,父母理解我了,回到家也很开心。"她的声音中透着轻松,眼神中透着阳光。"那就好,可以随时找我哟。"有时我抱怨着问她:"最近怎么不找我啦,我都有点孤单了。"她会微笑地抱着我说她错了,我知道这个坎她已经勇敢地迈过去了。

她学习依然很努力,平时还是那样严格要求自己,但性格上更开朗了,更阳光了。假期我们也像约定好的一样,她定期主动向我汇报她的近况,包括学习、生活等等,每次她都会说很多很多,我都会安静地听着。

当你替她拭去眼角的泪,紧握她的手,静静地当一个倾听者,这时你就已经走进了她的心里。

让人"发疯"的十分钟

山东省青岛第六十六中学　高婷

"老师!老师!你快去看看吧!小C'发疯'了!"

班里最有礼貌的小Q连"报告"都没顾上喊,一进办公室就喊。我正在备课,脑子里立马就响起了警报。小Q连珠炮似的跟我说:"小C'发疯'要去隔壁班打小Y,老师您快去看看吧!"

我拉着学生快步往教室走去,一路上小Q不断重复:"我从来没见过小C发这么大火。"

看来事情有点儿严重啊……希望别出事!

刚上楼我就看到了小C,旁边是拦着他的班长。小C激动得满脸通红,瞪大了双眼,胸膛剧烈地起伏,校服上沾了许多白色的墙灰,右手关节处还有斑斑血迹。打架了吗?天呐,我从未见过小C如此模样!我定了定神,稳住自己,现在要比任何时候都冷静。我需要理智地处理冲突、解决纠纷,冷静下来是第一步要做的!

我拍了拍小C,叫他的名字。他转过头,眼睛红得能冒出火来。他停了一下,突然就哭出来。我拉他一起坐在一侧的台阶上,轻轻拍着他的后背,帮他冷静下来。

我向班长轻声询问事情经过。原来小C在QQ上表白隔壁班女生小Y遭拒,说了一些不太友好的话,被小Y知道了。刚才课间,小Y冲进班里掀翻了小 C 的课桌。小 C 从厕所回来，看到满地狼藉，气愤得要去打小 Y。班长使劲把小 C 摁住，小 C 气不过，就在走廊里发疯似的大吼大叫，还用拳头击墙，手才出了血。

我回头看看小 C，他已经基本平静下来了，不哭了，但右手还在微微地抖着。我让班长和小 Q 回班，转身和小 C 坐在一起。

我问他："感觉好点儿了吗？想跟我说说吗？"

小 C 咬着嘴唇，好像很难开口。

既然这样，那我就先来打破僵局。我问他："你认识小 Y 吗？""嗯……我，我本来想追她，但是被拒绝了。我挺生气的，就跟另一个同学说了。"

我一直看着他，等他说完。小 Y 知道了小 C 说的话，认为触碰到了自己的底线，这应该就是这场风波的"导火索"了。

小 C 又开始激动地说："我是说了她几句，那她也不至于来掀我桌子吧？""解决问题应该用正确的方式，以暴制暴永远不是最佳选择。"如果冲动下和同学有了肢体冲突，那将是更加糟糕的后果，尤其对方还是女生。

我对他说："小 C，虽然当事人是你们俩，但却涉及了两个班。所以我要请小 Y 的班主任过来。是谁的错，谁就应该承担后果。"小 Y 班主任得知情况后，很快赶到了教室门口。

我们把各自了解的情况拼凑了一下，内容大致吻合。我们的观点也基本一致：两个孩子都有不对，我们互不偏袒，就事论事。先处理好今天这件事，私带手机、男女交往和不文明语言这些问题，各回各"家"，分头教育。

小 C 是个有些矛盾的孩子。他一方面想要摆脱父母对他的管控，一方面又深知父母为自己操劳的一片苦心。所以有时候他会说出"世界上最好听的话就是父母的唠叨"，有时候也会冲叮嘱自己的妈妈大发脾气。他理解父母的辛苦，理解父母对自己的期望。他也想好好学习，成为父母的骄傲，但经常是惰性让他不清醒，贪玩让他不服管。

我在想了许多种开口的方式后，最终选择跟小 C 打打"亲情牌"。

小 C 又掉下眼泪来。他抽泣着，对我说对不起，说对不起我对他的期待，也对不起妈妈对他的教育。我等他自己慢慢说完，我听得也红了眼眶。

小 C 主动走向小 Y，鞠躬道歉，说了对不起，小 Y 也不好意思地低头道歉。两个孩子认识到了自己的问题，也认可了我们的处理方法，保证今后不会再这么冲动，不会再说伤害别人感情的话，不会再去别的班"示威"，谨言慎行。

这次"风波"就暂时这样处理了。我之后又和小 C 聊了许多。我们打开心扉,说了许多不曾说过的话。坦诚相待,我们之间的距离更近了。

高中生的心里有许多懵懂、鲜艳、活泼的情感,带给他们不经意的悸动。这些悸动可能会带来许多的纠葛,也可能会促使他们成为更好的自己⋯⋯千万种可能里,绝对不会有一种是通过"疯狂"的冲动来体验和获得的。作为班主任,我要教会孩子们冷静、沉着、识礼、谨慎。这将是他们平稳度过青春期最好的方法,也将会是他们能受用终生的礼物。

与学生建立信任的桥梁

山东省青岛第十六中学　时甜甜

融洽的师生关系必须建立在信任的基础上,高中阶段的学生已经有相对成熟的思想,要想与他们建立信任关系,老师必须走进他们的心里。

一、迎着阳光绽放

不知不觉,我已经和书法班的学生们相处了一年的时间。还记得去年刚刚带这个班级的时候,在军训第一天我布置了一项作业,让班级所有的学生给我写一封信,与其说是一封信,倒不如说是一份让我快速了解他们的书面报告。因为我对这封信的内容做了限定,要有自我介绍,对初中阶段做一个简要总结,进入崭新的高中生活有什么期望,还有想对我说的话。第二天一早我把信收上来,利用军训间隙我就迫不及待地读起信来,虽说规定的内容枯燥无趣,但孩子们并没有敷衍这项作业,写得都非常认真。自我介绍当中还不乏性格的说明,有的说自己安静内向,有的说自己外向活泼,还有的说自己小毛病不断,让老师多管教。对于初中阶段的总结,似乎可以让老师更深入地了解他们。他们有初三认真拼搏最后考上高中的,有认真努力发挥平稳的,有初三贪玩没有认真学习而没有考上理想高中的。对于高中生活,大家都充满期待、信心满满,大有一拼到底的势头。透过这一封封信,孩子们的性格已经跃然纸上。

其中的一封信引起了我的关注。"尊敬的时老师您好,我叫某某某,初中在某学校就读,初中加入了共青团,成了一名光荣的团员,在初中获得的奖项有……"没有华丽的辞藻,没有优雅的语句,句句朴实无华。我从信中大致判断出这是一个性格沉稳、做事踏实的女生,同时还略带腼腆羞涩。这封信最后的署名为小 A。我在军训的队伍中寻找小 A 的身影,一个个子高高的女生映入我的眼帘。凭借着两天的观察,小 A 的确是性格沉稳、慢热,但又多了一份小心翼翼,休息的时候也只是跟周围的同学交流。

军训第三天,我利用军训间隙给她布置了一项作业,让她给大家介绍一下学习书法的方法,她的脸瞬间通红,说道:"老师,别让我介绍了,您找其他同学可以吗?"我说:"你是感觉不好意思吗?"她轻轻地点头,我说:"你先准备着,这个事咱不着急,可能由于时间的关系也展示不了。"这么小心翼翼的讲话让我对小 A 多了一份注意,我决定多关注她,让她能自信地在我面前讲话。

正式开始了高中生活后,我跟她商量:"小 A,我看你学习成绩不错,愿意做我的课代表,为大家服务吗?""时老师,我愿意为同学们服务,但我怕我做不好。"小 A 眼神躲闪着与我交流,我轻轻地拍着她的肩膀说:"既然你有愿意为同学们服务的心,老师相信你一定可以做得很好,不用担心,有任何问题老师会主动帮你的。"一学期的课代表工作,小 A 做得井井有条,从最开始只是收发作业,到后来主动把同学们的问题汇总起来与我交流,下课还会解答同学们的问题,到了学期末,更是在同学们面前有条不紊地讲着每日一题,丝毫不紧张。那个内向害羞的小 A 不见了。

期末考试结束,我看到她成绩进步了不少,问道:"现在跟我说话还害怕吗?"小 A 笑着说:"现在一点不害怕了。"我接着问:"为什么?""即使我们做得不好不对,您也不训斥我们,对我们很有耐心,我们感觉您很温柔。"小 A 给了我一个大大的拥抱,这个拥抱给了我莫大的鼓励。看着她脸上绽放的笑容,我体会到了做教师的幸福感。

二、一封特殊的检讨书

"今天我反省了很久,我们这次的行为不光违反了学校的规章制度,更是在同学们之间造成了十分不好的影响,可能因为我们几个人的错误行为,造成其他同学的效仿。在上学期一学期的懈怠后,我本来决定在这学期改变自己,但没想到仅仅坚持了很短的时间,您本来认为我还是一个可以努力拼上去的学生,但我却一次又一次让您失望。对于我这段时间的所作所为,我真的感觉十分对不起您,您一次次包容我的错误,在我出现问题后一次又一次地纠正我的错误,在我惹祸之后,您总是能帮我解决。您是我在这个世界上除了亲人以外最亲近的人了,我以后一定不会再出现这种错误寒了您的心。"

当我读到一次又一次的时候,我想起来了一句古诗,"明日复明日,明日何其多"。哎!这只是无数份检讨中的一份,我顿时感觉头大,在心底揣度这次应该通过什么形式进行谈话效果能最理想,但当我读到"您是我在这个世界上除了亲人以外最亲近的人"的时候,我心里一震,我在这个孩子的心目中竟有如此重要的位置。

我反复读着他的检讨,慢慢地我陷入了沉思,记忆把我拉回了刚刚带他的时候。那是学生们领取录取通知书,第一次见班主任的日子。一个个子高高、体型匀称、五官端正的男孩双手接过录取通知书的同时鞠躬说:"谢谢时老师。""在初中担任过什么职务吗?"我问到,并仔细打量着他,心里想,这个孩子有礼貌,而且一看体育就好,一个月后的运动会就看他的了,先给他安排个体育委员的职务,锻炼一下。"老师,我在初中表现不太好,没干过什么职务。"他摸着后脑勺不好意思地低下了头。"没事,老师就是随便问问。"我冲他笑了笑。其他学生在回答我这个问题的时候都说学习不好所以没担任过职务,但他却说表现不好。表现不好?我在心中有一个大大的疑问,我理解的表现不好无非就是学习不好、学习习惯差,一个初中生能怎么表现不好。我一定要知道他在初中是一个怎样的学生!

随后就是新高一军训的时间,他依然表现得非常好,军姿标准、训练刻苦,主动为班级搬水。军训第二天我对他说:"你担任咱班的体育委员吧,每天组织同学们站队……"我还没有说完,他就说:"时老师,我怕我干不好,您还是找别人吧。"我接着说:"有什么难言之隐?""我就是怕干不好,还会给您添麻烦。""如果是这个原因,你完全不用担心,咱们可以慢慢来,老师也相信你肯定能胜任这个职位。""好!时老师,我试试吧。"

在军训期间,我发现班级里有个孩子初中和他是一个班,正好可以问问。这位初中同学口中说出来的这个学生完全不是我所认识的他,他在初中经常因为发型不合格被叫家长,因为不写作业被叫家长,因为不学习被叫家长,因为打架被叫家长……没等他说完,我也理解了他口中的表现不好是什么意思了。我心里打起了鼓,这样的学生还能担任班委吗?什么是教育?教育难道是要给每个学生定位吗?不试怎么知道。所以我一直让他担任体育委员,同时他在这个职位一直尽心尽力,干得很不错,运动会也为班级争得了荣誉。但是他的平时表现和学习一直很让人头疼,虽然他检讨写了很多,我批评了他很多次,但他一直坚信我还相信他,的确我也是相信他的,相信他在以后的某个时间不会再说自己表现不好。

现在的他还会犯错误,但是他也在努力让自己变好,我依然相信他,就像他的家人一样!

班主任工作虽然繁重而复杂,但学生往往能给你直达内心的温暖。每个学生都是绽放的花朵,我们静待花开。

花事未了

山东省青岛第六十六中学　王璐璐

她轻轻推开办公室门,朝我走过来。"王老师,我不想上课了,想找您谈谈……"我疑惑地望着她。"老师,我……"她刚一张口,便泪如雨下,这一下让我紧张起来,"怎么了!发生什么了?"……

电话那头,一位母亲几近哀求地哭诉着:"王老师,求求你救救孩子吧,做家长的我们太糊涂,现在我们实在拿他没办法了……"电话这头,我的心像被钳住一般,我拖着沉重的步子走进学校……

不同的故事,相似的难题,突然之间新愁旧题涌上心头,挥之不去。前一个故事中哭成泪人的姑娘与班里一个男生谈恋爱,男孩要分手,女孩坚决不同意,男孩性急之下竟动手打了她,惊魂未定的她沉浸在惊惧、悲伤中。如此,她还苦苦哀求我不要找那个男孩,因为她还放不下这段感情。压抑着恼怒与气愤,我到底如何来帮她……

第二个故事中,痛苦不堪的母亲悔恨当初没有配合学校阻止儿子谈恋爱,导致儿子深陷失恋的痛苦中不能自拔。男孩消极逃避,经常请假不上课,任家长、同学如何劝说开导,他都无动于衷、自暴自弃,而女孩的心态情绪也大受影响,二人成绩由中游跌到倒数。面对这种情况,我该如何是好?

爱,到底要从何说起?

期末复习进入散文阅读部分，我翻看着复习材料，一篇名为《花事》的文章引起了我的注意，反复品读，一阵欣喜涌上心头，多日来心中的郁结也似乎得以缓释、削减。爱——就先从这里说起。

课前布置学生阅读了潘向黎的《花事》，我还补充了唐敏的《女孩子的花》。一进教室，看到学生们窃窃私语，我故意问："同学们，文章看懂了吗？"

好多学生摇了摇头。

"哪里看不懂？《花事》这篇文章写了什么？"

"写'花事'呗，题目不都说了。"一位男生抢着说。

"写爱情！"角落里另一男生冷不丁地说道，引起了其他学生一阵笑声。

"到底要写什么？"我加重了语气。

"借'花事'来写爱情。"几个同学喊道。

"莫急，仔细品读再谈也不迟，看看你是否能真正读懂这篇文章。"我故意卖了个关子。

学生速读文章，思考《花事》写了什么内容，简要概括。

小组合作探究《花事》表达的主题，从文章中找到依据。

"小组讨论过后，我们听听各组的声音。"我笑着对学生说。

"我们组认为，作者赏花后看到花由繁盛到凋谢，由此产生了一种悲伤、落寞的情感，其实以此来表达美好的事物往往太短暂，我们应该好好珍惜、好好把握，珍惜这大好的青春时代，最好是谈一场刻骨铭心的恋爱！"在座的学生和我忍不住哈哈大笑起来。

"后半部分纯属我个人观点。"一组的这位代表赶紧补充道。

"青春短暂，美好易逝，每个人都需学会珍惜，那是不是在这大好青春之际再来场轰轰烈烈的恋爱呢？"平复了心情，我继续问道。

"许多花争先恐后地开放，最终都逃脱不了凋谢的命运，'一场场花事是一个个陷阱，等着我们的心情陷进去，防不胜防'，防不胜防啊！他肯定没有尝过失恋的滋味！"一个班里比较调皮的男生站起来义正词严地说。

这下学生们都乐翻了，因为大家知道他在高一时连续被两个女孩子拒绝。

"所以作者也认为比起人辜负了花，还是宁可被花辜负吧，至少我们还可以避免掉入那令人肝肠寸断的陷阱中。珍惜美好，把握当下呀，"我意味深长地说道，"有其他的补充吗？"

"老师，你曾经讲过文章的主题并不是单一固定的，也有可能是多重的，"

另一组的一个女生起来说,"我们组认为珍惜美好只是一方面,作者还想表达其他的方面……"

"是吗?不妨说来听听。"我眼前一亮。

"文章中写道'花谢花飞花满天,红消香断有谁怜?谁不怜?可是怜又能怎么样呢?'还有'为了想躲过心痛,其实不想要花开。但是春天一到,偏偏花开,偏偏花谢。'所以我们组认为,作者想要表达,有些东西无法改变更不可以挽留,就像花谢一般,坦然面对吧!"一语惊醒梦中人,其他学生立马关注到了文章的这几句话。

"坦然面对,敢于直面惨淡,这是一种魄力,更是一种极大的勇气,不失一分豁达之气呀。"我看了一眼那个因失恋经常请假的男孩,目光对视,他赶忙低下了头。

"值得表扬的是这一组关注到了饱含作者情感的关键语句,这是我们探究文章主题的一个突破口。"我立马转移了目光。

"还有谁再想说说的吗?"

"我们组补充一点,"一个平时寡言的女孩站了起来,"散文最后一般都是作者抒发自己的情感。"

"这叫做?"我插了一句。

"卒章显志。"其他学生异口同声道。

"原文最后一段'过去就过去吧。一千个春天都凋零了,一万场悲喜都凋零了,多少代看花人都成了别人的追忆'这句话也能表现对那些不能挽留的、逝去的东西,我们要坦然面对和接受,要看开一些。"

"是呀,你抓住了重点,这不正同作者之前写的'爱着的时候不需要任何概念和意义,不爱了多少种界定和解释都不能挽救'相契合嘛!既然无法挽回,那必须要看开、看透。"

"花开花落花无常,人来人往人有情呀。同学们对这篇文章主题把握得比较到位,从'花事'中看到了人事变迁、盛衰无常,唯有坦然面对,才能获得一份豁达与淡然。赏花人拨动了你我的心弦,那若是养花人,她与赏花人的心境会一样吗?"

"不一样。"

"对啦老师,唐敏那篇《女孩子的花》到底要表达什么?"一学生横空抛出此问。

其他学生也疑惑地望着我。

"题目'女孩子的花'谁先来解释解释?"我先从题目入手。

"传说水仙花是由一对夫妻变化而来,丈夫名叫金盏,妻子名叫百叶,作者养了一棵水仙,开出花才知道是女孩的花——百叶,所以这样命名。"一女孩回答说。

"作者内心盼望养什么花?"我追问道。

"她特别想养一棵男孩子的花……"学生补充说。

"为什么?"

"因为她认为'男人是泥土造的,苦难使他们坚强'。"

"那作者是不喜欢女孩子的花咯?"我继续发问,学生搜索着文章。

"不是的,她其实更爱女孩子的花,她并不轻视女孩子,只是'无法形容地疼爱女孩子''爱到根本不忍心让她来到这个世界'。"学生着急地回答道。

"这样的情感你能理解吗?因为太疼爱而不忍心她来到这个世界上……"我困惑地望着他们。

"'女子连最微小的伤害也是不能忍受的''在世上可以做许多错事,但绝不能做伤害女孩子的事',作者这样写能体现出她对女孩子的疼爱。"一个女生如是说。

"是啊,'女孩子的花,刀一样的花',当女孩子感受到最亲近的人都不再爱她们时,她们便具有了'刀一般'决绝的性格。"学生陷入沉思,气氛安静了下来。

"同学们,如果是你,你想要养一棵什么的花?"我顺势叫起了那个打人的男孩子。

他不说话,只是站着。其他同学并不知其中的蹊跷,于是我又叫了别人。

"我跟作者一样,我要养男孩子的花,"这个姑娘坚决地说,"女孩子的花太难养了,太令人操心,呵护不好对她就是致命的打击。"

"这么说来,那我更钦佩你的父母,她们养的女儿多好,这其中得倾注多少心血,要多么小心翼翼地呵护才让你健康地成长,所以养儿方知父母恩啊。"我笑了起来。

另一个男孩子举手示意我。

"我想——养女孩子的花,"他腼腆地笑着,"因为女孩子的花好看!"

"你打算如何来养她?"我认真地问他。

"我会每天给她浇水、施肥,每天呵护她、赞美她,让她开出世界上最漂亮的花。"他憨憨地笑了起来。

"那如果有一天,你必须要把她送人,你想送给什么人?"我追问道。

他沉默了一会儿。

"不给!谁都不给!"他坚定地说,其他学生忍不住笑了出来。

"必须要给呢?"

"那一定是要对她好、能好好照顾她,给她更好的生长条件,比我还爱她!"朴实的回答又引来一片笑声。

"希望你的那棵女孩子的花能够懂得这份深沉、无私的爱,我想未来的你一定会是个好男朋友、好丈夫,更是一个好父亲。"我用赞赏的眼光望着他。

话音未落,下课铃响了,我和大家还沉浸在这场未完的讨论中。

"同学们,一个个'花事'引发了我们如此多的思考与感悟,希望今天这节课对你我都有所启迪,如果你有时间、有兴趣,可以读读这两本书,毕淑敏《写给女儿们的散文》和唐敏《女孩子的地图》,男生不妨也看一下。下课——"

课后心情一直惴惴不安,我在心里反复问自己:这样一节语文课的价值何在?会达到一种怎样的效果?班级中恋爱"风波"是否能得以平息……

隔了一天,打人的男生先找到我,承认了错误;被打的女孩在我多次劝说后也放下了心中的执念,二人终于回归到正常的学习生活。在一次谈话中,那个曾深陷失恋痛苦的男孩竟宽慰我不要为他担心,他一定调整好状态重新开始,不辜负父母和老师的信任和期望。

幸运的是,那年高考,这四个孩子都顺利升入了本科院校。这次,电话那头不再是那位母亲伤心欲绝的哭泣,而是千言万语的感谢。我望着窗外绵密的细雨,长舒了一口气。青春的花季,希望的雨季,每一个孩子都是蓄蕊的花朵,都有各自的"花期",我们这些"护花人"要精心呵护,静待花开……

语文教学与德育教育有着天然紧密的联系,二者密切相关又相互渗透。为了避免班会说教式的老生常谈,我一直在苦苦寻找这样一个机会,通过阅读教学,与学生们认真、深刻地谈谈"情"说说"爱"。幸运的是我碰到了《花事》这篇文章,随后又遇见了《女孩子的花》。

过去我们谈"爱"色变,让"爱"成了课堂中避讳的话题,久而久之,没有合理的引导与疏通,学生间那种朦胧的情愫与爱慕可能会演变成伤害甚至是毁灭。苏霍姆林斯基在他的《爱情的教育》中谈到,学生间爱的情感产生,我们

"可以把它剪断或连根拔起，但这样做就会严重伤害一颗敏感的心，一株新发的幼芽就会长成畸形"，于是"尊重、关怀、细心掌握分寸等原则"便起了决定性的作用。所以跟学生谈"爱"不仅要小心翼翼，更要找到一个合适的契机。

这样一节语文课，对多数学生来说，是一种引导，更是一种爱的教育。不刻意地说教，用阅读讨论引导他们正确看待人生中的挫折，坦然面对、珍惜当下，学会爱自己、爱别人，更要学会理解"养花人"——父母的拳拳深情。我也希望自己怀中的这一盆盆"男孩子的花"和"女孩子的花"懂得我这份良苦用心，能绽放出属于他们的最独特、最美丽的花。

润物无声　静待花开

——让德育渗透语文课堂

山东省青岛第六十六中学　姜雅馨

天气渐寒，学校冬季跑操活动又轰轰烈烈地拉开了帷幕。每天课间操时间，我和学生们一同舒展筋骨跑跑步，确实神清气爽。为了鼓励学生，不善跑步的我也咬着牙紧跟他们每天跑操。可让人头疼的是，每次跑操时，整齐的队伍最后却"溃不成军"，几名女生以各种理由逃避跑步，佯装系鞋带、借故去厕所……最后三五成群自觉变跑步为走步，实在不像样。

班里的四位姑娘每次自动结成小团体落在队伍之后，二百米之后便不见踪影。次数渐多，我实在不能容忍，真是暗下决心给她们些"颜色"瞧瞧。

我将四位姑娘单独留下来，一顿斥责，谁知她们非但没有认错之意，竟冲我喊"跑不动，就是跑不动！""老师你能坚持下来，不代表我能坚持下来""我小时候有气管炎，犯病怎么办？"……

我憋了一肚子气回到办公室，心想第四节正好是我的课，可以在班里教育一顿，起码为作为班主任的自己"挽回些颜面"。走到教室门口，我又打了退堂鼓，平时苦口婆心大谈道理，学生左耳进右耳出，收效甚微。如今再占用课堂时间，岂不是耽误其他学生的宝贵时间。于是，我想起今天要给学生们讲的课文，突然有种"踏破铁鞋无觅处，得来全不费工夫"的感觉，我快步走进教室。

"同学们，今天要讲的这篇《游褒禅山记》，老师有特别多的感慨，对这篇老课文有了新的理解和感悟。"

学生们有些疑惑不解，我笑而不语。

"一般的游记，大多是追记种种奇观胜景，极尽夸饰之能，而此篇中作者具体描述游览过程的只一句话，便是？"

"入之愈深，其进愈难，而其见愈奇。"学生们迅速找出了这句话。

"一语带过，语虽平淡，细加咀嚼，回味无穷，别有一番人生哲理蕴藉其中。""前洞平旷，记游者甚众；后洞幽邃，来而记之者已少，盖其又深，则其至又加少矣。结合这一句，你从中悟出了什么道理？大家讨论讨论吧。"我将问题抛给了学生，看看他们到底领会多少。

"简单的事情大部分人都能做到，而那些稍有难度的就不是多数人所能做到的了。"一位男生说道。

"从表层意义上的解读。就像金字塔，越往高处走，与你同行的人就越少，而你却是为数不多能登高望远的人，有大饱别样风景之眼福。"我将目光投向其他同学，寻求更多的答案。

"结合王安石的背景与经历，这正暗含了他的政治理想。北宋时，王安石变法遭到旧党重重阻挠，他依然坚持改革，不惧反对派，不轻言放弃。就像游洞一样，坚持到最后才能收获更多。"这位平时比较沉默的男生观点独到、思考深刻，赢得了大家的赞赏。

"通过这篇文章，我觉得学习也要有这样的精神。学习永无止境，越深入学习，遇到的困难越多，但最后的收获也越大，成就感也就越高。"一名学生补充说。

"具体来讲，学习需要一种什么精神？"我问道。

"坚持——不放弃——"学生们齐声喊。我暗自窃喜，学生的答案正是我接下来的突破口。

"作者王安石游览褒禅山华阳洞时，最后没有领略幽深后洞的奇特景观，他的心情如何？哪句话可以体现出？"

"余亦悔其随之而不得极夫游之乐也。"学生齐声喊道。

"一个字概括便是——"

"——悔！"

"悔的原因是什么？"我继续刨根问底，让学生深入文本。

"方是时,余之力尚足以如,火尚足以明也。"一名男生抢答道,其他学生点头同意。

"请转化成你自己的语言,告诉大家。"

"就是作者有足够的力量,火把也足够来照明,但自己没有坚持下去,中途放弃游览,出洞后特别后悔。"我沉思片刻,长叹一口气。

"哎!多可惜呀!原来并不是外部条件的障碍,恰是作者自己的意志不坚定,才导致不能欣赏到奇异瑰怪的胜景,最后在这里引咎自责……不过可贵的是,作者最后能够清晰认识到问题所在,不像我们有些同学,问题产生,却无动于衷,丝毫无反省之意,更值得叹息呀……"我目光扫过刚才跑操时的四位姑娘。

"同学们,作者这次失败的游览经历让你受到最大的启发是什么?请概括总结一下。"我特意叫起了跑步时跑在队伍最前面的一位男生。

"做什么事情都要坚持,要有意志力,不能跟随别人中途懈怠,不能轻言放弃。"

"精辟!"我毫不掩饰赞赏之情,在座的学生哈哈大笑起来。

"现实生活中,什么事情都要坚持,拥有强大的意志力,最后你才能享受那份成就感与满足感。就像今天课间的?"

"跑操!"几名学生应和道。那四位姑娘不好意思地低下头,躲避我的目光。

"小雨,你来说说每天跑完操后的感觉如何?"我叫起了班上一名个子矮小但每次跑操都坚持跑完全程的小姑娘。

"其实……我不擅长跑步,但跟着大家跑下来挺有成就感的,虽然累了些,但心情很好,也不冷了。"她羞涩地说。

"同学们,不管你做什么事情,享受过程是最重要的,当你凭借强大的意志力战胜自己、突破自己时,你便是一名强者,你就能比别人收获更多别样的风景。我希望在明天的跑操中,我能看到所有同学的努力,不要轻言放弃,更不要做一个半途而废者。"下课铃声响起,我还意犹未尽,但时间不足,只好就此作罢。

这节课结束后,那四位女孩是否能意识到问题、能否有所改变,我心里也有些忐忑。

第二天跑操依旧,让我意外的是,在没有任何提醒的情况下,那四位姑娘一直跟在队伍的最后,跑完了八百米……

我在队伍后面偷着笑了。

教育反思

在平时的教学管理中,我对学生的教育总是保持着一副深沉冷峻的说教姿态,煞费口舌后学生还满腹牢骚,大谈道理后学生仍置之不理,恼羞成怒时学生更飞扬跋扈……有时真让我头疼不已。

著名教育家苏霍姆林斯基说过:"在每个孩子心中最隐秘的一角,都有一根独特的琴弦,拨动它就会发出特有的音响。"德育,是一个潜移默化的过程,教师除了利用好班会,也要善于巧妙利用学科教材中的文本资源,讲究德育技巧与策略,让德育工作在润物无声中春风化雨。